AF220907

Das Buch

Das Herz lachte, die Freude war groß auf die indischen Freunde und die wunderbaren Abenteuer, als aus dem Nichts alles anders wurde. Innerhalb von wenigen Stunden ließ Indiens Premierminister Modi Fabriken, Geschäfte, Hotels und Lokale schließen. Das Leben in Indien wurde abgewürgt. Touristen wurden wie Aussätzige behandelt. Hotels lehnten die Aufnahme ab. Essen wurde Mangelware. Alle Flüge von und nach Indien wurden gestrichen. Was tun? Spannend und authentisch berichtet Sunhild Sauck in diesem Tagebuch einer Corona Odyssee, wie sie trotz aller Hindernisse und Schwierigkeiten mit Hilfe ihrer indischen Freunde aus dem Himachal Pradesh in die Deutsche Botschaft nach Delhi und somit zu einem rettenden Rückflug nach Deutschland gelangen konnte.

Die Autorin

Sunhild Sauck ist ein passionierte Reisende und Fotografin, die es in viele Weltgegenden gebracht hat. Dabei hat sie schon einige außergewöhnliche Erlebnisse gehabt. Ihr Lieblingsreiseziel ist und bleibt Indien: Sie liebt dieses Land. Ihre deutschen Freunde meinen, es wäre ihre zweite Heimat. Und ihre indischen Freunde meinen, sie wäre in ihrem ersten Leben Inderin gewesen. Und auch diesmal schien es, als ziehe sie dramatische Ereignisse an. Während ihres diesjährigen Aufenthaltes in Indien brach die Corona-Pandemie wie die Horden Dschingis Khans auch über Indien herein.

Corona Odyssee

ein Reisetagebuch

von

Sunhild Sauck

1. Auflage 2020
© Sunhild Sauck
© Umschlaggestaltung Roland Pöllnitz
Herstellung und Verlag: BoD – Books on Demand, Norderstedt
ISBN 9783752620955

Vorwort

Der Dichter Matthias Claudius schrieb einstmals: "Wenn einer eine Reise tut, dann kann er was erzählen." Wenn sich auch das Reisen in den letzten 200 Jahren verändert hat, so aber nicht an seiner Wahrheit. Sunhild Sauck ist ein passionierte Reisende und Fotografin, die es in viele Weltgegenden gebracht hat.
Dabei hat sie schon einige außergewöhnliche Erlebnisse gehabt: Einen Skorpion auf dem Fuß in Namibia. Einen Hundebiss in Griechenland. Eine Fliege, die ihre Eier unter Sunhilds Haut ablegte. Ein Reitunfall im Tian Shan Gebirge in Kyrgyzstan, bei dem sie sich die Wirbelsäule brach.
Doch ihr Lieblingsreiseziel ist und bleibt Indien: Sie liebt dieses Land. Ihre deutschen Freunde meinen, es wäre ihre zweite Heimat. Und ihre indischen Freunde meinen, sie wäre in ihrem ersten Leben Inderin gewesen. Und auch diesmal schien es, als ziehe sie dramatische Ereignisse an. Während ihres diesjährigen Aufenthaltes in Indien brach die Corona-Pandemie wie die Horden Dschingis Khans auch über Indien herein.
Wie aus dem Nichts wurde alles anders. Innerhalb von wenigen Stunden wurden von Indiens Premierminister Modi Fabriken, Geschäfte, Hotels und Lokale geschlossen. Das Leben wurde abgewürgt. Touristen wurden wie Aussätzige behandelt. Hotels verweigerten die Aufnahme. Essen war Mangelware. Alle Flüge von und nach Indien wurden gestrichen. Was tun?
Spannend und authentische berichtet Sunhild Sauck in diesem Tagebuch einer Corona Odyssee, wie sie trotz aller Hindernisse und Schwierigkeiten mit Hilfe ihrer indischen Freunde aus dem Himachal Pradesh in die Deutsche Botschaft nach Delhi und somit zu einem rettenden Rückflug nach Deutschland gelangen konnte.

Roland Pöllnitz

13. März 2020

Sunil und ich sitzen im Auto und wir Beide sind auf dem Weg nach Amritsar zu einer Ringzeremonie. Sunil ist unser Freund, Begleiter und Fahrer seit vielen Jahren.

Ich habe eine Einladung zu einer Feier von unserem Freund Jasvir und seiner Frau im letzten Herbst erhalten. Es ist Zufall, dass ich gerade in Indien bin. Jasvir ist auch Hobbyfotograf und wir lernten uns vor vielen Jahren über die Facebookseite der Fotografen kennen. Und seit vielen Jahren treffen wir uns, wenn ich oder mit meinem Mann Hartmut in Indien bin.

Aber nun ist es eine Familienfeier und ich bin der einzige Gast, der nicht zur engen Familie gehört. Aber Jasvir meint, dass ich doch irgendwie zur Familie gehöre. Sein Sohn Kamal möchte seiner zukünftigen Braut die Ehe versprechen. Es ist so etwas wie eine Verlobung.

Beide Verlobten hatten bisher nur Kontakt über WhatsApp. Sie treten sich nun zum ersten Mal persönlich gegenüber. Sie ist in Indien geboren, lebt aber seit ihrem 3. Lebensjahr in Neumünster. Ich weiß nicht, wie sie sich das gemeinsame Leben in Zukunft vorstellen. Eine Inderin, aufgewachsen im modernen Deutschland, zusammen mit einem Inder, mit konservativen Gewohnheiten? Sie wird sich schwer zurechtfinden in Indien. Kamal wird es in Deutschland schwer haben. Er arbeitet in Indien als Advokat in einem großen Gericht. Was kann er in Deutschland machen? Welche Perspektiven hat er? Aber das ist mir jetzt egal. Ich freue mich, meine Freunde wieder zu treffen.

Während der Feier bekomme ich gerade eine Nachricht. Mein

Sohn Christof schreibt: "Hast du dir mal überlegt, deinen Flug vorzuziehen? Die Länder machen immer mehr dicht und immer mehr Flüge werden gestrichen."

Nein, hatte ich nicht. Warum auch?

Zu diesem Zeitpunkt wurde in Indien nicht viel über das Coronavirus berichtet. Ich hörte nur, dass es einige Erkrankungen in Italien und Spanien geben sollte. Und manchmal ist es schwierig, Kontakt zur Außenwelt zu bekommen. Oft bricht das Internet zusammen. Ich habe mein altes Handy dabei mit meiner indischen Simcard. Sunil hat die Card aufgeladen, aber es funktioniert nicht. Ich werde eine neue Simcard kaufen müssen.

Sunil und ich plaudern während der Fahrt über die vergangenen zweieinhalb Wochen. Wir besuchten das Vogelschutzgebiet in Bharatpur. Es war das Vogelparadies der Maharadschas. Ich machte viele gute Fotos von Vögeln. Es ist ein Feuchtgebiet und ideal für die Vogelbeobachtung. Ich wollte schon immer den Painting Stork (Indischer Nimmersatt) sehen. Diesmal hatte ich Glück und konnte ihn beobachten. Dazu kamen der Schlangenvogel, der Schwarzkopfibis und viele andere exotische Vögel. Wir beobachteten einen Leoparden in nur 20 Meter Entfernung. Er kam den Berg hinunter, legte sich in die Nähe von uns und ging dann zu der Ziegenherde, die von einem Hirten in Richtung Dorf getrieben wurde. Der Leopard nahm sich sein Abendbrot.

Zum ersten Mal sah ich eine riesige Kobra. Ich wäre bald darauf getreten, weil ich meine Augen wegen der Vögel nur zum Himmel gerichtet hatte. Doch ein Inder packte mich am Arm und zerrte mich zurück. Er schimpfte mit mir über meinen

Leichtsinn. Und er hatte Recht. Es war sehr leichtsinnig von mir. Kobras sind blitzschnell und ihr Gift ist tödlich. Als ich das Foto zu Hause betrachtete, sah ich, dass sie ihre Augen offen hatte. Ich hatte einen Schutzengel.

Leopard

In Jaipur (Rajasthan) hatte ich in einer privaten Physiotherapeutischen Praxis eine Anwendung bekommen, die mir sehr gut tat. Sie gehört einem bekannten Arzt in Indien, der auch in Südindien seine Praxen hatte. Es ist eine exklusiv ausgestattete Praxis, die man hier in Deutschland nicht so leicht findet. Es ist alles sehr sauber. Und dann die moderaten Preise in Indien. Dafür würde der deutsche Physiotherapeut gerade mal das Laken erneuern.

In Palampur war es wegen Corona nicht möglich, meine Kur in diesem Jahr durchzuführen. Seit so vielen Jahren war ich deswegen hier.

Ich erlebte das Holifest, wo man sich mit Farbpulver bewirft. Man zieht sich alte Sachen an, die man hinterher wegwirft. Holi ist eines der ältesten Feste in Indien, gewidmet Gott Krishna. An diesem Tag scheinen alle Schranken durch Kaste, Alter und Status aufgehoben.

Inder und Sunil waren mit mir und meinten dann im Spaß: "Bitte geh vor oder hinter uns. Noch nie waren wir so bunt." Hier gibt es keine Touristen und wenn die Leute mich sahen, bewarfen sie uns mit einer extra großen Menge von Farbpulver. Es war für sie mehr Spaß als für mich und meine zwei Begleiter. Dafür durfte ich auch den Landesminister von Himachal Pradesh (Er ist auf einer ähnlichen Position ein Ministerpräsident eines deutschen Bundeslandes) mit Farbe bewerfen. Es war ein Gaudi, aber nach ein paar Stunden reichte es dann auch. Noch Tage später pulte ich mir die Farbe aus den Poren.

Sunil und ich erreichen Amritsar am späten Abend und mein Wunsch ist es, den Goldenen Tempel zu besichtigen, wenn er im vollen Licht erstrahlt. Vor zwei Jahren waren Hartmut und ich bereits hier, aber es war zu dunstig, um gute Aufnahmen machen zu können.

Der Goldene Tempel – Harmandir Sahib - ist der heiligste Ort der Sikhs. Die Stadt ist laut, schmutzig und hoffnungslos verstopft wie die meisten Städte in Indien. Aber der Tempel ist fantastisch. Er ist nicht nur einfach aus Blattgold, er besteht aus Goldplatten und wurde finanziert von Sikhs aus der ganzen Welt.

Goldener Tempel

Ich bin nun im Hotelzimmer und bekomme einen Anruf von Christof: "Wann könntest du in Delhi sein?"
Ich antworte: "Ich bin jetzt in Amritsar. Die Stadt hat einen Internationalen Flughafen, ich werde morgen hinfahren."
Christof: "Ich könnte einen Flug von Amritsar nach Delhi buchen, von Delhi nach Katar und von Katar nach Hamburg."
"Warte mit dem Buchen. Ich fahre morgen früh zum Flughafen und versuche, nähere Informationen zu bekommen."
Bloß gut, dass Christof keinen Flug buchte. Auch diese Gesellschaft stellte alle Flüge bald ein.

14. März 2020

Sunil und ich fahren zum Flughafen. Wir fragen nach einem Büro von Türkisch Airlines, aber es gibt hier keins.

Wir haben noch Zeit bis zur Feier und Sunil versucht mit seinem Handy das Büro der Türkisch Airlines in Delhi zu erreichen. Nach gefühlten 100 Anrufen nimmt jemand ab. Sunil erkundigt sich nach meinem Flug am 22.03. und die Frau am anderen Ende verkündet, dass die Flüge stattfinden.

Juchhu, nun kann ich feiern gehen.

Für die Ringzeremonie hatte ich mir ein indisches Kleid nähen lassen in blau und mit Gold bestickt. Es ist eine Kurta (Longbluse) mit einer weiten Hose. Dazu kaufte ich mir den passenden goldenen Modeschmuck. Und natürlich auch Bindi. Das ist der Schmuck, den die indischen Frauen zwischen den Augenbrauen tragen. Ich kaufe mehrere Bindis und trage sie mit mir. Irgendwie verschwinden die Bindis immer. Es erinnert mich jedes Mal an die Nudelstory mit Victor Bülow. Mein Bindi ist auch immer an der falschen Stelle.

Vor 2 Jahren wickelten mich indische Frauen in einen 6 Meter langen Sari. Es dauerte nicht sehr lange und ich wickelte mich wieder aus. Es ist nicht einfach einen Sari zu tragen, wenn man es nicht gewohnt ist.

Wir erreichen das Lokal. Alles ist sehr schick hergerichtet. Nach dem großen Hallo mit Jasvir und seiner Familie nehmen wir Platz an langen Tischen und es werden kleine Häppchen gereicht. Sie sind so lecker und so scharf, dass mir das Augenmakeup die Wangen runter läuft – original Punjabi Küche. Dazu gibt es süße Limonade, welche die indischen Frauen lieben.

Nun beginnt der Tanz. Jeder indische Tanz erzählt eine Geschichte. Es braucht viel Mimik, Gestik und Tanzschritte. Ich versuche, mein Bestes zu geben und alle Gäste sind begeistert: Blonde Deutsche in Kurta tanzt im indischen Stil. Zumindest versuche ich es, war ja oft genug auf Hochzeiten. Dabei beobachte ich, wie die anderen tanzen.

Indien hat 29 Bundesstaaten und 7 zentral verwaltete Unionsterritorien. Jeder Staat hat seine eigene Kultur. Damit meine ich Musik, Essen, Kleidung, Lebensstil, Aber auch Architektur usw.

Jetzt kommt die Braut, sie sieht wie eine Prinzessin aus. Alle Gäste klatschen. Kamal sieht sehr glücklich aus und flüstert mir zu: "Sie ist so süß." Ja, das ist sie tatsächlich.

das Brautpaar mit mir

Nach einer Weile komme ich mit Poonam, der Braut, ins Gespräch. Sie sagt zu mir:
"Wir mussten unseren Flug umbuchen vom 17.03. Wir werden mit Emirates Airlines ein paar Tage später fliegen. Wir haben eine E-Mail von der polnischen Airline bekommen, dass sie

alle Flüge gestrichen haben."
Meine Antwort an sie: "Ich habe keine Informationen bekommen von Türkisch Airline. Mein Flug geht am 22.3. Na dann werden mir die ja auch eine E-Mail senden, wenn es Probleme gibt. Heute Morgen bekamen wir eine positive Nachricht, dass keine Flüge gestrichen sind."
Ich sah das ziemlich locker zu dieser Zeit. Ich hatte Zeit. Und Türkisch Airlines würde mich informieren. Es ist eine gute Fluggesellschaft. Leider wurde ich enttäuscht von Türkisch Airlines.
Nun kommt Jasvir und fragt mich, ob ich einen Whisky oder Wodka trinken möchte. Ich entscheide mich für einen Wodka mit Cola. Das sieht nicht so versoffen aus, denn indische Frauen trinken keinen Alkohol, höchstens die jungen modernen Frauen in den großen Städten. Und in den meisten Restaurants, die eine Alkohol-Lizenz besitzen, gibt es einen extra Raum, die sehr dunkel gehalten sind.
Wir tanzen erneut. Alle zusammen, denn in Indien tanzt man nicht als Paar. Die Tänze erzählen Liebesgeschichten mit Bewegungen und Mimiken. Poonam und ich schauen etwas hilflos drein. Doch nach dem Wodka-Cola-Gemisch tanze ich irgendwie besser. Woher das wohl kommt?
Ich habe viele Feiern in Indien erlebt. Sie unterscheiden sich sehr von deutschen Feiern. Wir essen, trinken und erzählen gemeinsam und lassen uns viel Zeit dabei. In Indien trinken die Frauen Limonade und die Männer trinken Schnaps, natürlich getrennt von den Frauen. Wenn die Männer dann angeheitert sind, gibt es das Essen. Danach ist die Feier beendet.

15. März 2020

Sunil und ich fahren zurück nach Palampur. Ich will zurück in Saklanis Haus, wo ich mein Appartement seit 11 Jahren habe. Massage und Behandlungen sind nicht möglich in dieser Zeit. Deswegen bin ich zwar hier, aber das Krankenhaus möchte keine Ausländer aufnehmen. Das akzeptiere ich. Kurz bevor wir Palampur erreichen, bekommt Sunil einen Anruf von Saklani.

"Ihr könnt nicht zu uns kommen wegen Corona. Meine Frau hat Diabetes. Und die Polizei möchte nicht, dass Sunhild hier wohnt. Sie machen Kontrollen."

Warum ruft Saklani mich nicht persönlich an? Warum hilft er mir nicht, eine andere Unterkunft zu finden? Seit 11 Jahren wohne ich bei ihm. Warum tut er mir das an?

Ich bin so enttäuscht von Saklani und zurück in Deutschland schrieb ich ihm einen langen Brief über meine Enttäuschung und löschte seine Telefonnummer.

Wir fahren zu einem anderen Hotel und der Mitarbeiter in der Rezeption schüttelt energisch mit dem Kopf, als ich nach einem Zimmer frage: "Wir nehmen keine Ausländer!"

"Ich bin doch halb Inder", meinte ich so aus Spaß. Aber meine Antwort akzeptiert er nicht.

Wir stoppen vor einem kleinen einfachen Hotel und Sunil geht allein hinein und fragt nach einem Zimmer.

"No problem. How many days and people?" Dann steige ich aus dem Auto und der Hotelmanager sieht mich und schüttelt mit dem Kopf, "No Foreigners!"

Ich verstehe die Welt nicht mehr.

Wir fahren weiter auf der Suche nach einem Hotel. Auch beim nächsten lässt man uns abblitzen. "Keine ausländischen Touristen. Ich rufe unseren Freund Inder an. (Inder heißt so mit Vornamen.) "Kannst du mir helfen? Ich brauche ein Zimmer."

Inder: "Ja, warte. Ich versuche es, andernfalls kannst du bei uns wohnen." Er hat mit seiner Familie zwei sehr kleine Zimmer. Doch
Inder schafft es, ein Zimmer für mich zu reservieren in einem Hotel. Auch diese Mitarbeiter schauen mich an, als wäre ich eine Außerirdische. Ich bekomme eine Menge Papiere, die ich ausfüllen muss. Ich muss meinen gesamten Reiseverlauf dokumentieren. Welche Orte ich wann besuchte, ob ich Fieber, Husten und Atemnot hätte. Sie wollen wissen, was ich von Beruf bin, die Adresse der Arbeit, die Telefonnummer. Dazu meine Heimatadresse, Handynummer, Name des Ehepartners und seine Handynummer. Ich fülle alles wahrheitsgetreu aus. Dann trinken Sunil und ich noch einen Absacker nach dem langen, aufregenden Tag.

Zu diesem Zeitpunkt hatte ich keine Ahnung, dass es noch schlimmer kommen könnte.

Wir genehmigen uns ein Glas Whisky mit einer Menge Wasser, was hier in Indien typisch ist. Indien produziert sehr gute Whiskysorten.

Dann versuchen wir mit Sunils Handy die Türkisch Airline anzurufen, um neue Infos zu erhalten. Kein Erfolg.

Sunil verabschiedet sich und ich versuche meine Familie in Deutschland zu erreichen. Habe auch keinen Erfolg, da das WIFI im Hotel nicht funktioniert.

16. März 2020

Ich esse zum Frühstück Roti und eine Art Joghurt. Es schmeckt nicht. Aber was auf der Menükarte steht, ist nicht mehr zu haben. Das Hotel hat nichts mehr eingekauft. Ich bin die einzige Touristin.

Heute Morgen funktioniert das WIFI. Und ich versende eine Menge Nachrichten an die Familie und Freunde.

Inder schreibt mir, dass er eine Simkarte kaufen will. Ich bin erleichtert. Somit erreiche ich meine indischen Freunde besser und bin nicht vom WIFI abhängig. Doch eine halbe Stunde später schreibt Inder, dass der einzige Laden, den es in Palampur gibt, geschlossen ist. Das bedeutet, dass ich weiterhin nur mit Sunils Handy telefonieren kann und sein Hotspot nutzen muss.

Inder und Sunil holen mich vom Hotel ab und wir machen eine Tour in die Berge. Es geht steil bergauf über schmale Straßen und immer wieder steile Abhänge neben uns. Ich hoffe immer nur, dass uns kein Fahrzeug entgegen kommt. Ich liebe Abenteuer, aber im Moment brauche ich keinen Nervenkitzel. Die Beiden machen ihre Späße, wenn ich stöhne. Aber sie ändern sofort dann die Route.

Im Juni 2019 fuhren Hartmut und ich mit Sunil nach Ladakh, über Kaschmir. Es ist einer der gefährlichsten Straße der Welt (Platz 3 auf der Weltrangliste). Wir brauchten für 35 km etwa 13 Stunden. Viele Autos sahen wir, die den Berghang hinab gerutscht sind. Geröll löste sich und wir waren in ständiger Angst auch den Hang hinab zu rutschen. Etliche Kilometer fuhren wir durch 5 Meter hohe Schneewände, die von der indischen Armee frei gefräst wurden. Die Straße nach Ladakh ist nur 3 Monate im Sommer geöffnet.

Wir fahren zu einem hinduistischen Tempel. Dort werfe ich ein bisschen Geld in den Topf neben dem Priester und hoffe, dass

Shiva (das ist der Chef aller indischen Götter) mir gnädig ist. Inder und Sunil beten. Sie haben keine Probleme, dass ich sie dabei fotografiere.

Dann geht es weiter nach McLoed Ganj, das ist ein Vorort von Dharamshala, auch bekannt unter dem Begriff "Little Lhasa". Hier ist der Tempel vom Dalai Lama. Seit vielen Jahren besuche ich diesen Tempel. Es geht so eine Magie von dieser Stätte aus. Hier finde ich Ruhe.

Buddha im Tempelinneren

Wir fahren zurück zu Inders Haus. Seine Frau kocht für uns Dal Bhat (Linsen mit Reis). Wir spielen derweil mit seinem Sohn Datch Cricket. Alle Inder lieben dieses Spiel. Ich habe keine Ahnung davon und stelle mich sehr ungeschickt an. Ich werde aus der Mannschaft abgewählt und gehe in die Küche. Das ist keine direkte Küche, wie wir es kennen. In Indien spielt das Leben in den ländlichen Gegenden auf den Höfen statt. Dort ist auch eine Feuerstelle, wo gekocht wird. Das Aluminiumgeschirr ist in offenen Metallregalen verstaut. Ich frage Monika ob ich ihr beim Kochen helfen kann, aber sie verneint und wir unterhalten uns über ihren Kindergarten. Ich möchte, dass die Kinder ein neues Toilettenhäuschen mit Waschbecken bekommen. Inder soll alles Material besorgen, Hartmut und ich geben das Geld.

Dann erinnert sich Monika, wie ich Japati (ein Fladenbrot) unter ihrer Anleitung gemacht hatte. Es gelang mir nicht. Ihre waren rund und meine mehr krumm und schief. Aber wir hatten Spaß. Alle Japati waren übereinander gestapelt in einem Gefäß. Und immer wenn ein krummes Japati kam, riefen alle: "Das hat Sun gemacht."

Inder, Monika, Datch und ich

Nach dem Essen bringt mich Sunil zurück ins Hotel. Ich versuche Christof zu erreichen. Aber das Internet ist so schwach, dass kein Videocall möglich ist und wir nur schreiben können.

Christof schrieb: "Sende mir alle E-Mails von den Airlines!"

"Ich versuche es. Doch das Internet in Indien scheint total überlastet zu sein."

Christof noch einmal: "Ich habe nichts bekommen. Einfach E-Mail öffnen und auf weiterleiten."

"Mach ich, aber ich habe oft keine Verbindung. Ich weiß nicht, wie ich es schicken soll. Ich versuche es so oft."

Christof:" Wenn die Mail auf ist, unten links den Pfeil und dann auf weiterleiten."

Ich komme nun irgendwie an meine Grenzen. Ich weiß nicht was ich tun soll. Das Internet ist nun total überlastet hier in Indien. Mein Sohn will mir helfen, aber meine Inkompetenz in Sachen Internet und die schwache Verbindung lassen es nicht zu. Ich fühle mich hilflos.

Ich werde mich noch hilfloser fühlen in den nächsten Tagen. Aber zu diesem Zeitpunkt wusste ich es noch nicht.

Hartmut schreibt: "Gibt es bei dir was Neues?"

"Noch hat Türkisch Airlines keine Absage geschickt. Ich denke, dass ich fliegen kann. Es ist ja noch Zeit bis zum Abflug. Aber hier ändern sich die Neuigkeiten in jeder Stunde. Ich bin mit Christof auch im Kontakt. Er möchte Tickets buchen mit Quatar Airlines. Ich möchte noch ein wenig warten, versuche weiterhin die Türkisch Airlines und die Deutsche Botschaft zu kontaktieren."

Hartmut: "Ja, das ist wichtig."

"Aber es ist nicht so einfach die Botschaft zu erreichen. Ich bin nicht die Einzige, die da anruft. Habe gerade mit Christof gesprochen und er bestätigte mir, dass Flüge von Delhi nach Istanbul gehen, aber von dort nicht weiter nach Deutschland. Ich habe Angst, in der Türkei festzusitzen. Dann bleibe ich lieber hier in Indien. Hier helfen mir unsere Freunde."

Hartmut: "Ich denke, du solltest dich beim Auswärtigen Amt registrieren lassen, damit sie dich auf dem Schirm haben."

Ich antworte: "Ich versuche schon die ganze Zeit den Kontakt zur Deutschen Botschaft aufzunehmen. Es nimmt keiner ab. Ich kann nur mit Sunils Handy anrufen. Ich selber habe nur WIFI, wenn das Hotel welches hat. Christof hat mir geschrieben, dass er mich bei der Deutschen Botschaft registriert hat. Ich warte nun auf nähere Informationen."

Ich erhalte eine E-Mail von *Intensivreisen*. Ich habe noch nie von dieser Firma gehört.

Sie schreiben: "Hallo aus Deutschland! Nennen Sie uns doch bitte folgende Informationen: "Welche Strecke möchten Sie fliegen? Wann möchten Sie fliegen? Bitte beachten Sie, dass wir weltweit erst wieder Flüge, mit Abflug ab dem 30.03.20 anbieten können. Bei Fragen sind wir gerne für Sie da."

Ich frage zurück: "Wann ist es möglich von Delhi nach Deutschland zu fliegen? "

Ich erhalte natürlich keine Antwort und fühle mich verarscht.

Inzwischen weiß ich, dass viele Reiseveranstalter und auch Fluggesellschaften die Hilflosigkeit der Touristen im Ausland ausnutzten. Die Arabische Fluggesellschaft Quatar stellt ihre Flüge nach Deutschland auch jetzt ein.

Es ist Abend und Inder kommt mit einer Lunchbox ins Hotel. Das Angebot im Hotel beschränkt sich auf Dal Bhat. Es sind keine Gäste da, also wird auch nicht eingekauft. Monika kochte für mich. Ich bin beiden sehr dankbar.

Ich bekomme eine Nachricht von unserer Freundin Petra: "Uli bereitet sich aufs Sterben vor. Es geht ihm jeden Tag schlechter. Er will nicht mehr leben. Die Schmerzen nehmen ihm alle Energie. Er weigert sich mehr Schmerzmittel einzunehmen. Ich zeige ihm alle Bilder, die du uns schickst. Darüber freut er sich sehr."

Auch das noch! Es tut mir so leid. Drei Wochen vor meinem Abflug nach Indien waren wir zusammen im Restaurant essen. Danach fuhren wir durch die Mecklenburgische Natur. Ich denke, Uli genoss es. Petra rief am Abend an und sagte uns, dass Uli sich so wohl gefühlt hat.

Ich denke an diese Situation zurück und fange an zu heulen. Er ist so ein lieber Freund und wir hatten so viele gemeinsame Erlebnisse. Es tut weh, ihn zu verlieren.

17. März 2020

Sunil kommt und sieht meine verquollenen Augen und fragt, was geschehen ist. Ich erzähle ihm, dass ein lieber Freund im Sterben liegt.

Sunil: "Come Sun, take your camera and we go outside in the mountain." Ich nehme meine Kamera. Wir holen Inder mit seinem Sohn ab und wir fahren in die Berge. Wir pflücken riesige dunkelrote Rhododendronblüten von den Bäumen. Daraus machen die Inder Chutney.

Als ich zurück bin, rufe ich Hartmut an: "Kannst du Opodo anrufen und wegen meines Fluges fragen? Du weißt, ich kann nur über WIFI anrufen und erreiche damit nicht Opodo."

Eine Stunde später antwortet Hartmut: "Versuchte ich. Habe keinen in deutsch bekommen. Alles nur in englisch."

OK, Sunil und ich überlegen, was wir tun können. Alles ist so verwirrend und keiner weiß Genaues.

Hartmut: "Versuche doch die Botschaft zu kontaktieren".

Ich: "Mein Gott, versuche ich die ganze Zeit mit Sunils Handy. Ich erreiche keinen. Sie schrieben auf ihrer Webseite, dass es schwierig ist, Kontakt aufzunehmen."

Ich verliere so ein wenig die Nerven.

Sunil versucht erneut Kontakt aufzunehmen mit Türkisch Airlines. Keine Chance. Auch mit der Botschaft. Keine Chance.

Ich rufe die Braut von Kamal an: "Wie geht es euch, fliegt ihr mit Emirats am 23.März zurück? Ihr hattet doch gebucht?"

Ihre Antwort: "Nein, auch der Flug wurde gestrichen."

Sie sitzen also genauso fest wie ich.

Ich gebe meine Hoffnung nicht auf, einen Flug zu finden.

Ich bin inzwischen in Deutschland, sie sind immer noch in Indien. Heute ist der 30. Juni.

Christof schreibt: "Ich schicke dir die E-Mail von der Botschaft."

"Danke"

Und ich warte. Erst nach Stunden erhalte ich Christofs E-Mail. Immer wieder versuchen wir auch die Botschaft zu erreichen. Es nimmt niemand ab. Die Botschaft schreibt auf ihrer Webseite: "Wegen der derzeit hohen Anzahl von telefonischen Anfragen müssen Sie mit längeren Wartezeiten rechnen. Wir bitten dafür um Verständnis."

Ich warte seit Tagen auf einen Kontakt mit der Botschaft.

Ich schreibe an Hartmut: "Ich habe gerade ein Formular ausgefüllt und abgesendet. Es geht um eine Rückholaktion von Condor. Den ganzen Tag hatte ich es versucht. Hatte aber kein Internet. Und nun hat es geklappt."

Hartmut: "Ist beruhigend, wenn man etwas tut. Man hat ja ein besseres Gefühl."

"Sorry, ich bin nur am Tun, aber erfolglos", doch diesen Satz schreibe ich nicht an Hartmut.

Condor meldet sich, als ich zurück in bin.

18. März 2020

Tina, angestellt in meiner Praxis und eine treue Seele fragt mich: "Hallöchen, bist du schon auf dem Rückweg? Liebe Grüße"

"Nein, ich kann nicht ausreisen, habe keine Bestätigung von der Airline. Es ist eine Scheißsituation."

Tina: "So viele Touristen werden zurückgeholt. Im Interview hat Maas gesagt, dass auch schon eine Maschine zu den Philippinen unterwegs ist. Und auch in Ägypten und Marokko. Aber sie reden auch immer nur von Pauschaltouristen und nicht von Individualreisenden. Bleib bei deinen Freunden und mach das Beste daraus."

Ja, es sind Pauschaltouristen, die vorrangig nach Deutschland geholt werden. Und nicht wie ich Alleinreisende.

Wenige Stunden später erreiche ich die Deutsche Botschaft in Delhi. Mir fiel ein Stein vom Herzen.

Mein Gespräch mit der Botschaft:

"Was kann ich tun, bin im Himalaya und hätte einen Flug am 22.3. mit Türkisch Airlines."

Die Botschaft antwortet: "Die Türken fliegen noch, aber nur von Delhi nach Istanbul. Nicht nach Deutschland."

Das wusste ich bereits von meinem Sohn.

"Was mache ich nun? Hier habe ich Freunde, die sich um mich kümmern. In Istanbul kenne ich niemanden."

Die Botschaft äußert: "Dann bleiben sie in Indien. Ist besser so."

"Mein Sohn erzählte mir von der Rückholaktion durch die Deutsche Botschaft.

Die Botschaft nichts ahnend: "Davon weiß ich nichts."

Was kann, was sollte ich tun? Meine Verzweiflung wächst. Jetzt im Nachhinein frage ich mich, an welche inkompetente Mitarbeiterin ich gelangte?

Ich bin im Zimmer und schreibe Nachrichten an die Familie und Freunde. Es ist sehr traurig, dass ich meinen Vater nicht persönlich erreichen kann. Er hat kein Handy und Hartmut traut sich nicht ihn zu besuchen wegen Corona. Sie telefonieren nur miteinander. Ich hatte sonst immer Videocall mit meinem Vater, wenn Christof oder Hartmut bei ihm waren.

Es klopft an meiner Tür und ein Angestellter des Hotels sagt mir, dass ich das Hotel morgen zu verlassen habe. Die Polizei erlaubt es nicht, an Ausländer Zimmer zu vermieten.

Oh mein Gott. Was soll ich tun? Ich fühle mich so einsam, hilflos und verlassen 10.00 Kilometer fern der Heimat.

In Kangra, der Hauptstadt von Himachal Pradesh, gibt es ein Auffanglager für Ausländer. Ein Zeitungsartikel schreibt, dass alle Ausländer in Quarantäne müssen. Ich rufe Inder, Vitjay und Sunil an.

Indische Tageszeitung

"Ich will nicht in Quarantäne, Vitjay!"
Vitjay: "Warte"
Inder: "Ich helfe dir."
Sunil: "Du bist nicht allein, wir finden eine Lösung."
Sunil wohnt in Delhi und in dieser Zeit, in der er mich fährt, schläft er bei seiner Familie. Das sind zwei Brüder mit Familien und seiner Mutter. Es ist dort alles sehr eng. Viele Leute auf engstem Raum. Das ist sehr lieb gemeint aber ich möchte dort erst mal nicht hin. Ich hoffe, es findet sich eine andere Lösung.
Inder findet die Lösung. Er hat eine Unterkunft für mich. Ich bin so glücklich und packe meine Sachen zusammen. Eine Stunde später bekomme ich eine Nachricht von Inder, dass es nicht möglich ist, dass Zimmer zu beziehen. Sein Freund teilte ihm mit, dass es die Polizei nicht erlaubt, Ausländer zu beherbergen und Kontrollen durchführt.
Wieder weiß ich nicht, was ich tun soll. Ich bin ratlos und fühle mich langsam überfordert von all den Emotionen.
Ich bekomme inzwischen von ganz vielen indischen Freunden Nachrichten. Sie möchten wissen, wie es mir geht. Alle hier zu erwähnen, wäre zu viel. Sie geben mir irgendwie Kraft. Alle bieten mir Hilfe an. Ich soll zu ihnen kommen und in ihrem Haus wohnen. Sie würden mich auch vom Himalaya abholen. Ich schätze es sehr, aber es ist nicht möglich. Jedoch fühlt es sich gut an, dass ich nicht allein bin.

19. März 2020

Das Hotel gibt mir ein dürftiges Frühstück. Ihre Vorräte gehen zu Ende und die Läden sind geschlossen. Ich esse zwei Toastscheiben aufeinander gelegt und dazwischen ist Ghee. (Ghee ist aus Büffelmilch gewonnenes und gereinigtes Butterfett. Etwas gewöhnungsbedürftig für einen deutschen Magen) Ich habe keinen Hunger und somit auch keinen Appetit. Ich esse, damit ich nicht tot umfalle.

Ich gehe vor die Hoteltür, denn ich warte auf Sunil und auf Nachrichten von Inder und Vitjay. Sunil kommt und die anderen beiden kurze Zeit später auch. Vitjay kommt mit einem Freund. Es ist ein aufgeblasener neureicher Inder von der Sorte, die ich nicht mag. Sie sind in kurzer Zeit durch Korruption zu Geld gekommen und viele von ihnen sind überheblich.

Vitjay sagte mir, dass dieser Freund mich in einer kleinen Pension oben in den Bergen unterbringen kann. Ich bin erst einmal froh, aber trotzdem empfinde ich keine Sympathie für ihn. Er spricht nicht ein Wort mit mir. Habe ich die Pest? Oder Corona? Vitjay und er achten auch ständig darauf, mehr als 3m Abstand zwischen uns zu halten.

Dann fahren wir los. Vitjay und sein Freund fahren zusammen im Auto. Das ist natürlich möglich. Und Sunil und ich fahren zusammen in Sunils Auto. Während der Fahrt machen Sunil und ich uns ein wenig lustig.

"I am very dangerous!"

Sunil: "Yes, you come from Germany. And you brougth the viruses in your suitcase."

Und so blödeln wir noch ein wenig herum. Nach einer 45 min. Fahrt erreichen wir die Pension mitten in den Bergen. Ich beziehe ein hübsches Zimmer, mit einem Balkon und herrlichem Blick zum Himalaya. Vitjay verabschiedet sich,

natürlich aus weiter Entfernung und der aufgeblasene Typ verlässt die ganze Zeit nicht das Auto. Ich könnte ja niesen oder husten und meine Corona Tröpfchen ihn erreichen.
Vitjay sah ich nicht mehr in dieser Zeit.
Leider hat die Unterkunft hier in den Bergen kein WIFI. Sunil hat 2 Handys. Eins für privat und eins für seinen Job. Dieses überlässt er mir und ich kann sein Hotspot nutzen.
Dann schreibe ich an Hartmut: "Ich habe die Fluggesellschaft Emirates erreicht und einen Flug gebucht für den 30.03. Sie haben mir 100prozentig versprochen zu fliegen. Ich habe die Bestätigung erhalten. Status Confirmed.
Hartmut:" Na das ist ja schön!"

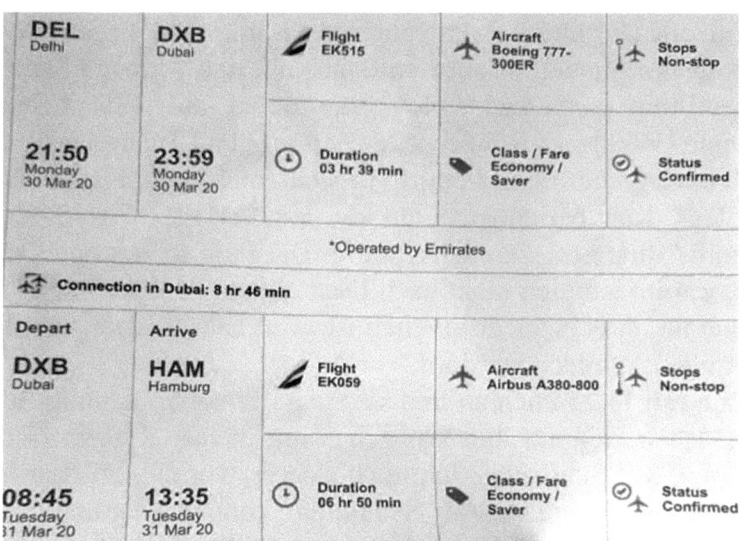

Ich nehme meine Kamera, gehe in den Garten und fotografiere einen Kauz und einen Barbet (ganz bunter Bartvogel) und einen Blue Sunbird (Nektarvogel)

20. März 2020

Ich wache auf und überlege, welche Hiobsbotschaften ich heute erhalten werde. Die erste Hiobsbotschaft kam von Türkisch Airlines, dass sie die Flüge nach Deutschland gestrichen haben. Warum bekomme ich diese Informationen zwei Tage vor dem geplanten Abflug? Von der Botschaft wusste ich bereits, dass kein Flieger nach Deutschland geht. Fragen über Fragen. Aber ich habe ja nun die Tickets mit Emirates.

Ich gehe in den Garten, um zu frühstücken. Neben mir war noch ein junges Ehepaar mit zwei Kindern im Garten. Die Eltern gucken mich düster an. Ich grüße und bekomme keine Antwort. Der ältere Sohn spuckt nach mir. Der jüngere Sohn, ich schätze ihn auf 4 Jahre, tritt nach mir und wirft mit Steinen. Die Eltern sagen nichts. Ich gehe zurück auf mein Zimmer. Meine Gefühle schwanken zwischen Wut und Traurigkeit.

Ich bin froh, als Sunil kommt. Er sieht mich an und fragt: "Was ist los?" Kurz berichte ich ihm von dem Vorfall.

Sunil: "Bitte Sun, sei nicht traurig. Die Frau sprach mich auch an, warum ich dich nicht nach Deutschland zurückschicke. Ich sagte ihr, dass es nicht möglich ist, weil kein Flieger geht. Die Familie ist einfach nur doof."

Dann ruft Inder mich an und sagt, dass er vorbei kommt. Sunil und ich warten auf ihn. Wir gehen mit meiner Kamera in den Garten. Mit Sunil fühle ich mich sicherer vor diesem Paar und ihren beiden Kindern. Am Nachmittag kommt Inder und bringt Obst und Gemüse mit. Ich bin sehr gerührt. Er weiß, dass ich viel Obst und Gemüse esse.

Ich erhalte eine Nachricht von Christof: "Wo bist du jetzt?" Ich antworte: "Irgendwo im Himalaya, etwa 45 Minuten von Palampur. Vitjay hat mich hier untergebracht. Sunil kommt jeden Tag und wir rufen über sein Handy die Botschaft und sämtliche Airlines an. Ich habe dein Formular erhalten und versuche den ganzen Tag das Formular an die Botschaft zurückzusenden. Jetzt erst ist es mir gelungen. "Die Botschaft hat meine deutsche und Sunils indische Handynummer."

Christof: "Willst du deinen Flug mit Emirates stornieren oder warten?"

"Ich habe gerade mit Hartmut gesprochen und ich soll stornieren. Vati meint, es ist sicherer mit der Botschaft auszufliegen."

Christof: "Aber denke daran, dass die Botschaft auch Zeit braucht. Ich würde prüfen, ob du kostenlos stornieren kannst und dann bis zum letztmöglichen Zeitpunkt warten."

Stornieren oder nicht stornieren?? Wieder einmal weiß ich nicht, was ich tun soll. Ich bin 10.000 km von Deutschland entfernt. Alle geben gut gemeinte Ratschläge, aber sind nicht vor Ort.

Die nächste Hiobsbotschaft kommt von Hartmut: "Uli ist tot!"

Scheiße, scheiße, scheiße. Unser lieber Freund ist tot. Ich kann es nicht fassen. Ich erinnere mich an so viele schöne gemeinsame Erlebnisse, unsere Tour durch Indien, unsere Radtouren und Wanderungen durch Mecklenburg. Ich heule und heule und trinke zwei Gläser Whisky.

Christof schreibt mir 2.30 in der Nacht: "Bist du noch wach?"

Nein, bin ich nicht.

21. März 2020

Ich lese eine Nachricht von Tina: "Schreibe bitte auf jeden Fall, wann du mit wem wo genau du hinfährst, damit wir dich finden, wenn was passiert."
Ich bin sehr gerührt: "Ich habe ein Ticket gebucht mit Emirates. Aber ich bin mir nicht sicher, ob das alles so klappt. Hier überschneiden sich die Informationen stündlich."
Tina: "Wie kommst du zum Flughafen, im Kofferraum?"
"Nein in Durga und Niqab." (Da bleiben nur die Augen frei, alles andere ist verhüllt.)
Ich ahnte nicht, dass es tatsächlich schwierig sein wird, nach Delhi einzureisen.
Eine Stunde später rufe ich Tina an: "Es ist nicht möglich auszufliegen, da alle Flughäfen in Indien dicht gemacht haben. Es kommt kein Flieger nach Indien und kein Flieger startet von Indien. Christof hat mich bei der Botschaft wegen der Rückholaktion angemeldet. Ich muss auf den Anruf der Botschaft warten. Emirates fliegt auch nicht mehr, buchte aber mein Geld ab."
Tina: "Zumindest bist du in Sicherheit. Wir haben ein Interview mit Maas gesehen, er will alle Touristen nach Hause bringen. Kopf hoch, wir denken ganz doll an dich."
Ich bin wieder gerührt.
Ich bekomme eine Nachricht von Inder. Er schreibt: "How are you Sun? Is everything is ok?"
"Yes, half and half", schreibe ich zurück.
"Don't worry. I pray to God. Everything will be fine."
Dann bekomme ich eine Nachricht von Christof. "Können wir in 20 Minuten alles besprechen? Gibt Neuigkeiten wegen der Rückholaktion."
Dann telefonieren wir. Gott sei Dank funktioniert das Internet von Sunil. Christof muss ein Formular ausfüllen und braucht

die genaue Adresse, wo ich mich derzeit aufhalte und all meine Daten. Ich schicke es ihm per WhatsApp.

Für Sunil wird es immer schwieriger in die Pension zu kommen, da die meisten Straßen gesperrt sind und die Polizei kontrolliert jedes Auto und diejenigen, die zu Fuß unterwegs sind. Die indische Polizei fackelt nicht lange und gebraucht den Gummiknüppel sehr schnell. Deshalb beschließen wir, dass Sunil sich ein Zimmer in der Pension nimmt. Ich bin ganz froh darüber und fühle mich sicherer.

Hartmut: "Gibt es etwas Neues, bevor du schlafen gehen willst?"

"Nein, es gibt nichts Neues und ich will tatsächlich schlafen."

Ich brauche keine neuen Hiobsbotschaften.

22. März 2020

Aus der Deutschten Botschaft kommt folgende aktuelle Information:

Die Ausbreitung der Atemwegserkrankung Covid-19 führt vielerorts zu verstärkten Einreisekontrollen, Gesundheitsprüfungen mit Temperaturmessungen und Einreissperren. Weltweit ist der Flugverkehr derzeit stark eingeschränkt. Ab Montag, 23. März, werden alle kommerziellen Flugverbindungen von und nach Indien – zunächst für eine Woche – eingestellt. Ein- und Ausreise sind in diesem Zeitraum nicht mehr möglich. Bitte buchen Sie keinesfalls Flüge für diesen Zeitraum, selbst wenn diese online noch als verfügbar angezeigt werden!
Mit Wirkung vom 13. März hat Indien alle an Ausländer erteilten Visa, zunächst befristet bis zum 15. April 2020, für ungültig erklärt. Visa von bereits nach Indien eingereisten Deutschen bleiben gültig. Eine Visa-Verlängerung für Deutsche, die sich bereits in Indien aufhalten, ist über das örtlich zuständige FRRO zu beantragen. Bitte beantragen Sie die Verlängerung online und sehen Sie von persönlichen Vorsprachen bei den FRROs ab.
Für Sonntag, den 22. März 2020, hat Premierminister Modi landesweit zu einer freiwilligen Ausgangssperre von 7 Uhr morgens – 21 Uhr abends aufgerufen. Weitere – regionalspezifische – Einschränkungen der Bewegungsfreiheit können zusätzlich verhängt werden. Bitte halten Sie sich informiert.

Es wird immer schwieriger für uns Individualtouristen. So entscheidet jedes Bundesland für sich, was es durchsetzen wird. Durch das Internet erfahre ich, dass vielen Individualtouristen keine Unterkunft und Essen gewährleistet wird.

Ich bin auf dem Weg in den Garten. Ich werde mich mit Sunil zum Frühstück treffen. Dann kommt diese kleine Mistplage von dem indischen Paar und bespuckt mich, tritt nach mir und schreit irgendwas auf Hindi. Die Eltern schauen zu. Ich packe diese Mistplage am Arm und gebe ihm eine Ohrfeige. Noch nie habe ich ein Kind geschlagen. Ich schäme mich dafür, aber meine Nerven liegen blank.

Ich setze mich in den Garten und kurz darauf kommt Sunil. Ich erzähle ihm von dem Vorfall.

Sunil: "Be not worry. You did it rigth. The family is stupid."

Wir bestellen Frühstück, aber es gibt wieder nur Toast. Das Personal entschuldigt sich bei mir, aber sie können nichts einkaufen. Es ist kein Problem für mich. Das Personal ist sehr nett zu mir und versuchen, es mir so angenehm wie möglich zu gestalten.

Plötzlich quietschen Bremsen und ein großer Jeep kommt vorgefahren. Es steigen 5 schwer bewaffnete Polizisten aus. Volle Montur mit Gewehren, Pistolen, Gummiknüppeln und Schusswesten. Ich bekomme ein eigenartiges Gefühl und mir wird übel. Sehr übel. Ich schaue Sunil an und er meint: "Be not worry, Sun." Aber wie kann ich unbesorgt sein?

Die Polizisten winken Sunil zu sich. Sunil geht zum Jeep spricht mit ihnen, aber ich verstehe nichts. Ich warte und es kommt mir ewig vor. Ich habe soviel Angst.

Sunil kommt zurück zu mir: "Die Polizei nimmt uns mit ins Krankenhaus. Wir müssen einen Corona Test machen. "Ich stehe auf und meine Beine fühlen sich sehr schwach an und ich zittere. Nicht wegen des Tests, aber vor den Polizisten. Die Polizisten würdigen mich keines Blickes, geben nur Kommandos mit ihren Gummiknüppeln. Ich fühle mich wie ein Schwerverbrecher im Beisein dieser Polizisten.

Dann fahren wir nach Palampur ins Civil Hospital. Straßensperren können uns nichts anhaben, wir sind ja unter Polizeischutz.

Wir erreichen das Krankenhaus. Das Personal zeigt uns den Weg. Vor und hinter uns gehen Männer mit langen Spritzdüsen, gefüllt mit Desinfektionsmittel. Dann müssen wir in einem langen dunklen Flur warten. Es sind noch einige andere Inder da und mustern mich, als ob ich Schuld an der Corona-ausbreitung sei.

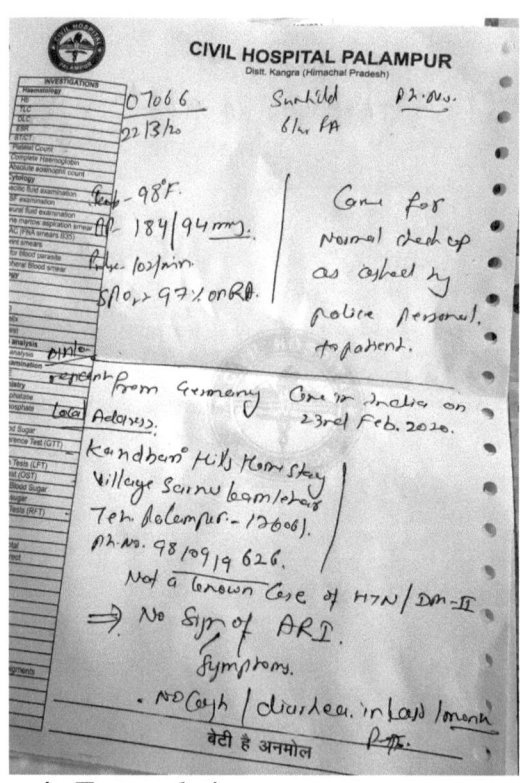

mein Testergebnis

Dann werden Sunil und ich ins Behandlungszimmer gerufen. Vor mir sitzen zwei Außerirdische. Sie waren so verkleidet, dass ich sie erst an der Stimme erkannte, ob es sich um Frauen oder Männer oder beides handelt. Es waren ein Mann und eine Frau. Sie befragen mich nach all möglichen Dingen. Wichtig war für sie die Information, dass ich am 22. Februar nach Indien kam. Zu diesem Zeitpunkt war Corona nicht aktuell. Dann messen sie Fieber, Puls, Blutdruck und mehr. Nach 20 Minuten gaben sie mir ein handgeschriebenes Schriftstück, dass ich keine Symptome aufzeige. Ich gehe hinaus, aber Sunil hält mich fest: "Ich muss auch den Test machen. Ich war mit dir zusammen." Die Ärzte finden auch bei Sunil keine Symptome. Die Ärztin gibt uns noch Mundschutzmasken und wir versprechen, sie zu tragen. Sie ist sehr nett.

vor dem Krankenhaus

Erleichtert verlassen wir das Hospital. Und vor und hinter uns desinfizieren Männer erneut alles.

Wir müssen wieder zum Polizeirevier und unsere Papiere vom Krankenhaus zeigen. Die Polizisten nehmen mir mein Dokument weg, welches mir bestätigt, dass ich keine Corona Symptome aufweise. Ich protestiere lautstark: "Mach eine Kopie, ich will mein Papier zurück." Ich weiß, dass viele indische Polizisten kein englisch sprechen und auch sonst nicht viel im Kopf haben. Deshalb sind sie korrupt und gefährlich. Also spricht Sunil in Hindi mit ihnen. Ich bewundere ihn, wie ruhig er auf die Polizisten einredet. Sie machen eine Kopie und geben mir mein Schreiben vom Krankenhaus zurück.

"Na bitte, geht doch", sage ich zu ihnen auf Deutsch.

Dann kommt plötzlich ein Fernsehteam auf uns zu: "Wir sind vom Fernsehen und machen eine Reportage über Corona. Warum seid ihr hier im Krankenhaus?"

Sunil und ich geben ein kurzes Interview und erklären die Situation. In Deutschland würde ich einen Bogen um Fernseh-teams machen. "Gut", denke ich, "die Tagesschau wird es nicht ausstrahlen."

Am Abend rufen Sunils Freunde und seine Familie an: "Wir haben euch im Fernsehen gesehen."

Sunil und ich grinsen nur. Sunil sagt: "Noch nie war ich im Fernsehen."

Ich glaube, er ist ein bisschen stolz darauf, im Fernsehen gewesen zu sein.

Wir sind zurück in der Pension. Die indische Familie ist abgefahren, besser gesagt, sie sind geflüchtet. Ein Angestellter erzählte uns, dass die Frau die Polizei informierte, dass ich in der Pension bin. Die Polizei wollte aber auch, dass die Familie sich im Krankenhaus testen lassen soll. Haben sie nicht gemacht und sind zurück nach Delhi gefahren mit ihren großen SUV. Mir fällt ein: Wer andern eine Grube gräbt, fällt....

Sunil und ich teilen uns eine Flasche Bier, die die Angestellten uns gaben.

Sunil: "Als die Polizei heute Morgen kam, bist du sehr blass geworden. Ich hatte Angst, du kippst um." Ja das wäre ich auch fast. Da hatte Sunil Recht. Ich hatte das Gefühl, aus den Latschen zu kippen.

Am Nachmittag schreibt Christof: "Gibt es was Neues? Wie geht es dir?"

Ich: "Es geht mir gut. Wurde getestet und es scheint, ich habe keinen Virus."

Es ist eine Halbwahrheit. "Was soll ich meinem Sohn sagen? Dass es mir psychisch beschissen geht? " Ich weiß, dass er und Yulia sich Sorgen machen. Meine Enkelin ist noch zu klein, um alles zu verstehen. Ich schickte ihr Videos, wie ich die Affen fütterte und die Affen auf dem Auto saßen. Das fand sie toll. Oma füttert Affen.

Ich schreibe Hartmut, dass ich einen Schein vom Krankenhaus bekommen habe und dass ich keine Symptome vom Coronavirus in mir habe. Hartmut ist beruhigt.

Ich rufe Christa, unsere liebe Nachbarin, an. Sie fragt, wie es mir geht. Ich erzähle ihr alles und fange plötzlich an zu heulen. Es tut mir so leid für sie. Aber ich weiß nicht weiter. Christa tröstet mich: "Lass es raus." Ich bin ihr sehr dankbar, dass sie mir zuhört, denn vor meiner Familie will ich keine Schwäche zeigen. Ich weiß, sie machen sich Sorgen.

Inder schreibt mir: "Ich wollte dich besuchen und Essen bringen, aber die Polizei schickte mich wieder zurück. Ich versuchte es auf der Nebenstraße, aber auch da kontrolliert die Polizei und schickte mich zurück." Inder und seine Familie sind sehr herzlich. Hier im Bundesstaat Himachal Pradesh herrscht striktes Lockdown, während es in anderen Bundesstaaten noch weitaus lockerer zugeht.

23. März 2020

Sunil und ich sind nun die einzigen Gäste. Wir treffen uns zum Frühstück im Garten. Die zwei Angestellten entschuldigen sich, dass sie den Tee ohne Gewürze und Milch servieren. Sie können nichts einkaufen und ihr Vorrat ist zu Ende. Wir bekommen Toast mit Ghee. Mehr gibt es nicht. Ist auch egal, ich habe das Obst noch von Inder. Ich gebe es den Angestellten und sie bereiten es mir liebevoll zu.

Mein Neffe hat heute Geburtstag und ich rufe ihn an. Ich gratuliere ihm und er fragt mich nach der Situation in Indien und ich berichte ihm.

"Tantchen, kannst du nicht einmal Urlaub machen, wie andere auch?"

Nee, kann ich wahrscheinlich nicht. Aber für Corona kann ich wirklich nichts.

Ich habe viel erlebt in meinen Urlauben: Skorpion auf dem Fuß in Namibia, Hundebiss auf der Fahrradtour in Griechenland, eine Fliege nahm mich als Zwischenwirt in Südafrika und es wuchsen Eier unter meiner Haut, die ich selbst mit unserem Taschenmesser heraus schnitt. Dann der Unfall mit dem Pferd im Tian Shan Gebirge in Kyrgyzstan. Ich brach mir die Wirbelsäule und es war eine dramatische Rückholaktion nach Deutschland. Ich habe noch mehr erlebt, aber das schreibe ich auf, wenn ich Rentnerin bin.

Den Rest des Tages verbringen Sunil und ich im Garten mit Lesen und mit der Kamera. Sunil entdeckt ein Käuzchen auf dem Baum, ganz in unserer Nähe. Er fragt mich, ob er die Kamera nehmen darf und Fotos machen kann. Darf er und dann schießt er eine Menge Fotos vom Käuzchen und ein Foto ist gar nicht so schlecht geworden.

Am späten Nachmittag kommen die beiden Angestellten mit einer Schüssel Chapati und Mutton (Hammel). "Das Fleisch ist

von meiner Familie." sagt der eine. "Ich hoffe, es schmeckt euch."
Ich bin kein Freund von Hammel, aber nach der Schonkost in den letzten Tagen schmeckt es ausgezeichnet. Sunil lutscht an den Knochen, bis sie blitzblank sind. An meinen Knochen sind noch Fleischreste, die ich mit der Gabel nicht abbekam und Sunil fragt mich, ob er die haben kann. Kann er. Mein Gott, muss er Hunger haben.

An diesem Abend trat der Premierminister Modi im Fernsehen auf und gab bekannt, dass ab Mitternacht für ganz Indien ein strenges Lockdown gelte. Alle Märkte und Geschäfte werden geschlossen, die Straßen werden dicht gemacht und öffentlicher Verkehr (Busse, Bahn, Taxi, Rikscha, Tuktuk) und Individualverkehr (Autos, Motorräder, Skooter, Fahrräder) sind untersagt.

Die meisten Lebensmittelmärkte werden von armen Menschen betrieben. Sie leben von diesem Einkommen. Es ist Erntezeit, wie sollen die Bauern ihre Felder erreichen? Und wie sollen die Menschen satt werden, wenn sie nichts ernten oder kaufen können? Wie sollen die Millionen Wanderarbeiter ihre Dörfer erreichen?

Es ist ein Wahnsinn, denke ich. Wie kann es möglich sein, eine Nation von 1.4 Milliarden Menschen in den Lockdown zu schicken innerhalb von wenigen Stunden? Ohne jegliche Vorbereitung?

Wenige Minuten später klopft Sunil an meine Tür und teilte mir kurz mit, dass wir in der Nacht nach Delhi fahren müssen. Er sah die Ansprache im Fernsehen auch.

Christof schickt mir die Email von der Botschaft:

"Sehr geehrte Rückreisewillige, liebe Landsleute,
bitte finden Sie sich für die Registrierung am Mittwoch, den 25. März 2020, ab 9.00 Uhr bis 15.00 Uhr im JW Mariott Hotel

Aerocity Dehli ein.

Bitte beachten Sie, dass die Flugkosten in Höhe eines One-Way Economy Class Flugtickets (etwa 500 € p.P.) im Nachhinein von Ihnen zurückgefordert werden. Beachten Sie bitte zudem, dass pro Reisenden ausnahmslos lediglich ein Gepäckstück à 23 kg (plus reguläres Handgepäck à 7 kg) mitgenommen werden kann.

Sollten Sie sich in einem Gebiet mit Ausreisesperre befinden, leisten Sie den Anweisungen der Sicherheitskräfte Folge. Versuchen Sie, mithilfe von privaten Taxiunternehmen zum Registrierungspunkt zu kommen oder sich einen sonstigen Transport zu organisieren. Anbei finden Sie einen durch die Botschaft erstellten Passierschein, der Ihnen für die Reise eine Erleichterung sein könnte.

Bitte haben Sie Ihre Reisedokumente (Reisepass und ggf. Aufenthaltstitel) sowie ein ausgefülltes und unterschriebenes Formular der Erklärung gem. § 6 Konsulargesetz (siehe Anhang) griffbereit. Eine Registrierung und Mitnahme ohne das ausgefüllt Dokument ist nicht möglich.

Bitte beachten Sie, dass die abschließende Entscheidung über die Mitnahme auf einem der Flugzeuge des Rückholprogramms erst nach der Registrierung durch die Botschaft getroffen wird.

Mit freundliche Grüßen
Rechts- und Konsularreferat
Botschaft der Bundesrepublik Deutschland in New Delhi"

24.März 2020

Es klopft gegen 2.00 Uhr an meiner Tür. Es ist Sunil: "Sun wir starten gleich." Ich bin schon fertig, da ich die Nacht nicht schlafen konnte. Die beiden Angestellten helfen uns mit dem Gepäck.
Wir starten in Richtung Palampur und Sunil telefoniert mit Jemandem auf Hindi, was ich nicht verstehe. Und plötzlich steht Inder am Straßenrand. Er möchte sich von mir verabschieden. Es ist mitten in der Nacht und die Polizei scheint noch zu schlafen. Wir wünschen uns alles Gute und verzichten auf eine Umarmung. Abschied zu nehmen fällt mir immer schwer, aber dieses Mal besonders. Mir kommen die Tränen. Er und seine Familie taten so viel für mich. Seine zittrige Stimme verrät mir auch, dass es ihm schwer fällt, Abschied zu nehmen. Er weint. Und ich kann meine Tränen auch nicht stoppen.
Dann fahren Sunil und ich los. Ich mag mich nicht unterhalten, ich habe einen Kloß im Hals. Wir kommen ohne Polizeikontrollen etwa 70 km weit und freuen uns. Vielleicht ist es ja doch nicht so schlimm, wie erwartet. Leider sollten wir nicht Recht behalten.
Sunil hat Appetit auf einen Tee und ich glaube, er braucht ihn auch, um munter zu bleiben. Wir hatten kein Frühstück. Aber alles ist geschlossen. Nach einer Weile sieht er eine Familie mit einem Teekocher am Straßenrand. Er stoppt und fragt, ob er Chai (Gewürztee mit Milch und viel Zucker) bekommen kann. Es ist möglich und wir werden eingeladen, uns zu setzen. In Indien ist vieles möglich, was in Deutschland nicht denkbar wäre.
Mir sieht alles ein wenig schmuddlig aus und ich verzichte lieber auf einen Tee. Seit Tagen sind die Geschäfte nicht mehr geöffnet. Ich weiß nicht, ob ich der Milch im Tee vertrauen

kann. Vielleicht ist es ja auch die Milch von der eigenen Kuh, aber ich will keine Experimente wagen. Sunil trinkt seinen Tee und wir fahren weiter. Nach wenigen Metern kommt uns ein Truck entgegen und gibt uns ein Zeichen zu stoppen. Sunil spricht mit dem Fahrer.

Sunil: "In ein paar Metern kommt eine Polizeikontrolle. Wir müssen die Schutzmasken tragen."

"Na ja, wenn es weiter nichts ist", erwiderte ich.

Wir setzen die Masken auf und dann sehen wir auch schon die Straßensperre und eine Menge Polizei. Sie stoppen uns. Ein Polizist fragt uns auf Hindi, wohin wir wollen. Ich kann etwas verstehen und antworte: "Airport". Er fragt nun Sunil und auch er antwortet: "Airport". Immer wieder fragt der Polizist mich etwas in Hindi, was ich nicht verstehe.

Ich sage zu ihm: "Please, speak in English language." Nun versteht er mich nicht!

Er fordert Sunil auf, auszusteigen und ich steige auch aus. Der Polizist schreit mich an, natürlich in Hindi und ich verstehe ihn nicht.

Sunil sagt: "Sun, please stay in car." Sie nehmen Sunil mit und ich warte im Auto. Es dauert eine Ewigkeit und ich habe eine Scheißangst. Was ist, wenn sie Sunil verhaften, weil sie uns nicht glauben?

Sunil kommt zurück in Begleitung einiger Polizisten. Ich bin heilfroh. Sie wollen nun meinen Pass. Ich gebe ungern meinen Pass aus der Hand. Aber was soll ich tun? Sie suchen nach meinem Visum im Pass und können es nicht finden. Ich habe zehn Visa für Indien. Dann endlich finden sie das richtige Visum und wir können weiterfahren.

Sunil meint: "War doch nicht so schlimm."

Wir kommen an die nächste Straßensperre. Da ist nur ein Polizist. Er schickt uns zurück und sagt zu Sunil, dass wir eine andere Straße benutzen sollen. Es ist ein Umweg von 30

Kilometern. In Indien bedeutet das etwa 3-4 Stunden mehr Zeit. Wir bekommen Hunger und Durst und haben nur noch einen Rest Filterwasser in einer Flasche. Ich gebe die Flasche Sunil: "Trink!"

Er entgegnet: "Trink du!"

Ich antworte: "Ich habe keinen Durst und du bist der Fahrer, du brauchst Flüssigkeit."

Nach ein paar Stunden kommt die nächste Sperre. Ein Polizist erklärt Sunil, dass diese Straße gesperrt ist und wir über das Feld müssten. Wir tun das. Ich sehe tiefe Furchen und aufgeweichten Boden, denn es hatte die letzten Tage viele Gewitter gegeben: "Sunil, du hast keinen Jeep, das schaffst du nicht!"

"No worry, no problem!" Das ist so ein viel gesagter Satz der Inder. Und der Satz: Am Ende wird alles gut und wenn es noch nicht gut ist, dann ist es noch nicht das Ende! Manchmal bewundere ich die Inder mit ihrer Einstellung und Gelassenheit zum Leben.

Sunil schafft es, das Auto durch den Morast zu chauffieren. Er schaut zu mir und grinst. "Wusste ich doch, dass wir das schaffen." Wir kommen wieder auf eine Asphaltstraße und ich sehe den Polizisten ca. 250m hinter uns. Wegen dieser 250m mussten wir den Umweg machen? Ich fasse es nicht.

"Ist das ein Vollidiot!", sage ich zu Sunil und er antwortet. "Das ist Indien und die Polizisten sind nicht die Hellsten im Kopf!"

Es geht weiter zur nächsten Polizeisperre. Hier ist die Grenze zwischen den Bundesstaaten Himachal Pradesh und Punjab. Die Polizei stoppt uns und fragt uns, wohin wir wollen. Wahrheitsgetreu sagt Sunil, dass wir zum Flughafen nach Delhi wollen. Der Polizist schreit uns an und meint, dass wir lügen. Es landet kein Flugzeug in Delhi und kein Flugzeug startet von Delhi. Hat er ja Recht, aber das ist eine Ausnahme. Sunil erklärt ihm, dass die Deutsche Botschaft die deutschen

Touristen zurückholt. Der Polizist glaubt uns kein Wort. Wir zeigen auch das Schreiben vom Hospital, dass wir frei vom Virus sind. Sunil spricht mit der Polizei in Hindi und übersetzt mir es auf Englisch.

Während Sunil mit der Polizei spricht, suche ich die E-Mail von der Deutschen Botschaft. Endlich finde ich sie und gebe das Handy Sunil. Er zeigt die Nachricht von der Botschaft, aber diese Trottel können sie nicht lesen. Sie diskutieren erneut mit Sunil.

Sunil sagt zu mir: "Sie glauben uns nicht. Sie wollen viel Geld von uns oder wir müssen aufs Polizeirevier."

"Gut, gehen wir aufs Revier, aber vorher rufe ich die Deutsche Botschaft an", sage ich zu den Polizisten und Sunil übersetzt es auf Hindi.

Die Polizisten tuscheln miteinander und nach 5 Minuten sagen sie zu uns: "Go! Go!"

Keine 20 km weiter das gleiche Spiel. "Wohin wollt ihr? Es gibt keine Flüge, ihr lügt". Und zu Sunil: "Aussteigen." Wir zeigen wieder unsere Papiere vom Hospital, meinen Pass und die E-Mail der Botschaft. Aber meine E-Mail von der Botschaft verstehen die Idioten auch wieder nicht. Nun wissen wir aber, wie wir uns zu verhalten haben.

Ich: "Okay, ich gebe keine Rupies und ich rufe erst meine Botschaft an." Ich bin so wütend."

Dann sage ich noch zu ihnen:" "I am feed up." (Ich habe die Schnauze voll.)

Sunil übersetzt meine Worte in Hindi. Und sagt zu mir: "Aber deinen letzten Satz habe ich nicht übersetzt."

Ein Polizist setzt sich in unser Auto, während die anderen mit Sunil diskutieren und meine Nachricht von der Botschaft im Handy misstrauisch beäugen. Sie kontrollieren meinen Pass. Wir zeigen ihnen auch unser Schreiben vom Hospital. Ich drehe mich zu dem Polizisten im Auto um und sage: "I love my

India" Der Polizist schaut mich an und ich wiederhole auf Hindi: "Mujhe apane bhaarat se pyaar hai" Nun grinst er. Aber ich drehe mich wieder um.

Es ist in Indien nicht erlaubt, Polizisten oder militärische Gebäude zu fotografieren. Also musste ich es heimlich tun.

Nach langer Diskussion zwischen Sunil und der Polizei dürfen wir fahren. Mal wieder bewundere ich diese Engelsgeduld, die Sunil gegenüber den Polizisten aufbringt. Aber er hat Recht. Es bleibt uns nichts anderes übrig, wenn wir Delhi erreichen wollen.
Ich werde müde und immer wieder fallen mir die Augen zu. Aber ich möchte nicht schlafen, denn Sunil ist sicherlich auch müde. Aber er muss fahren. Die Straßen sind gespenstig leer. Nur ein paar Trucks sind unterwegs und wenige Menschen. Affen und Languren sitzen am Straßenrand und warten darauf, dass Autofahrer ihnen Obst und Gemüse zuwerfen. Ich hätte es gern getan. Die Wochen davor kauften Sunil und ich Obst und Gemüse und fütterten sie. Es war lustig. Sie sprangen aufs Auto, turnten um uns herum und nahmen unser Obst und

Gemüse sehr vorsichtig aus der Hand. Außer den Languren und Affen suchen Kühe nach Essbarem im Müll oder liegen mitten auf der Straße. Heilige Kühe dürfen alles.

Das Straßenbild ist so irreal. Vor dem Lockdown waren die Straßen voll. Jede Menge Menschen, Motorrikschas, Fahrradrikschas, Tuktuks, bunte Trucks, Autos, Motorräder, Tiere und eine Menge Lärm. In Indien hupt jeder und es gibt keine Regeln im Straßenverkehr.

Christof schickt mir einen Bericht des deutschen Botschafters in Indien, welches er gegenüber der FAZ gab:

Botschafter in Indien, Walter Lindner, berichtet, seit Anfang März hätten sich auf die Aufrufe des Auswärtigen Amts und der Botschaft in Indien rund 5000 Deutsche gemeldet, die um ihre Rückkehr bangten. Anders als in den Urlaubsgebieten rund ums Mittelmeer waren die meisten von ihnen nicht Reisegruppen und Pauschalanbietern unterwegs, sondern auf eigene Faust. Die erste Empfehlung habe gelautet: "Versucht, die letzten Tickets zu kaufen!" Nach der verhängten Ausgangssperre sei dann das größte Problem gewesen, die gestrandeten Urlauber zu einem Flughafen zu bringen, wo sie von den Rückholflügen des Auswärtigen Amts aufgesammelt werden können.

Für viele wurde die Lage kritisch, weil sie ihre Hotels und Hostels irgendwo in Indien nicht mehr verlassen durften, aber dort auch nicht mehr versorgt wurden. Die Botschaft und die vier deutschen Generalkonsulate rüsteten Bus-Expeditionen aus, um die Touristen abzuholen. "Wir haben Kolonnen rausgeschickt", erzählt Lindner, "drei Busse nach Rajastan, sieben nach Varanasi, die haben dann am Taj Mahal in Agra auch noch Leute eingesammelt." Auf den Bussen fuhren Mitarbeiter der Botschaft mit. Die Seitentüren waren beklebt mit offiziell aussehenden Beschriftungen, "German Embassy" und "Evacuation Team", um die Polizisten an den Straßensperren zu beeindrucken; die Botschaft habe auch improvisierte Passierscheine angefertigt.

Der Botschafter sagte auch, dass es für die meisten Individualtouristen eine kritische Lage sei. Ja, das stimmt. Ich habe es selbst zu spüren bekommen und dennoch denke ich, erging es mir relativ gut. Meine indischen Freunde taten alles, um mir zu helfen.

Ich bekomme eine Nachricht von Hartmut: "Ich hoffe ihr seid auf dem Weg nach Delhi."

"Ja sind wir." Und ich schreibe von all den Polizeikontrollen, die wir durchlaufen. Das hält mich ein wenig wach. "Seid froh, dass ihr das Schreiben von der Klinik habt", antwortet Hartmut. Bin ich, denn dieses Schreiben ist in Englisch und Hindi verfasst, so dass es die Polizei auch versteht.

Wir erreichen die nächste Bundesgrenze zu Haryana. Ich muss auf die Toilette.

"Sunil, I have to pipi." (Pipi kommt in beiden Sprachen vor)

"Das wird schwierig", meint Sunil. Er wird eine Lösung finden, denke ich.

Wir fahren an eine Raststätte. Überall sind rotweiß gestreifte Absperrbänder. Sunil steigt aus und spricht mit den Leuten, die da herumsitzen. Dann winkt er mir zu und deutet, dass ich aussteigen soll. Er zeigt in Richtung Toilette. Ich bin erleichtert. In der Zwischenzeit ordert Sunil eine Wasserflasche. Ich wusste, er findet eine Lösung. Dann kommt auch schon ein Polizist und fragt, was wir hier machen. Sunil erklärt ihm, dass ich auf die Toilette musste und wir Wasser brauchen. Wir zeigen ihm das Schreiben der Klinik, das Schreiben der Botschaft, mein Visum und dann dürfen wir fahren.

"Der war ja richtig nett", sage ich zu Sunil.

Nun können wir wieder trinken, aber zu Essen finden wir

nichts. Wir fahren weiter in Richtung Delhi. Inder ruft alle zwei Stunden an und erkundigt sich, wo wir sind und wie es uns geht. Wir sind jetzt seit 21 Stunden unterwegs und mir tut Sunil leid. Er muss fahren. Gott sei Dank sind die Straßen leer. Ich blicke zu ihm. Er sieht müde aus.

"Sunil?", frage ich.

"Ja, Sun?"

"Du musst singen. Dann weiß ich, dass du wach bist."

"Ich kann nicht singen!"

"Ist doch egal, eure Musik klingt sowieso manchmal schräg in meinen Ohren."

Sunil hat Humor und wir lachen. Wir erreichen Delhi. Auch diese Millionenmetropole ist beängstigend leer und ruhig.

Wir erreichen das Hotel Mariott nach kurzer Zeit, welches die Botschaft für uns "gestrandete Touristen" buchte. Es ist in der Nähe des Flughafens. Sunil parkt das Auto und wir müssen durch einen Sicherheitstrakt. Es wird Fieber gemessen und das Gepäck wird untersucht. Dann dürfen wir ins Hotel. Im Foyer sind der Deutsche Botschafter und einige seiner Mitarbeiter. Sie geben mir jede Menge Papiere, die ich ausfüllen muss. Sunil meldet mich derweil bei der Rezeption an. Ich muss für zwei Tage buchen und bezahle 170 Euro mit Frühstück. Aber ich hatte kein Frühstück!

Ich bin fertig mit dem Ausfüllen und Sunil gibt mir den Zimmerschlüssel. Ich frage einen Mitarbeiter von der Botschaft, wie es weiter geht. "Sie bekommen heute Abend oder morgen einen Anruf von uns und genauere Informationen. Aber dann muss es sehr schnell gehen. Bitte packen Sie ihren Koffer nicht aus, nur das Nötigste was sie brauchen." Ich bedanke mich höflich.

"Komm, ich lade dich zum Abendessen ein", sage ich zu Sunil. Denn nach dem langen Tag muss er sehr hungrig sein. Die Restaurants sind geschlossen und wir bestellen über den

Zimmerservice. Leider gibt es nur eine Kleinigkeit. Dal und Roti. Das Essen wird nach einer halben Stunde vor die Tür gestellt.

Dann verabschiedet sich Sunil. "Ich versuche morgen wieder zu kommen, um mich von dir zu verabschieden." Ich bin mir nicht sicher, ob er das kann. Es herrscht Lockdown und in Indien herrschen strengere Regeln als in Deutschland.

Seit Tagen habe ich wieder Internet hier im Hotel. Ich rufe Hartmut über WhatsApp an. "Ja alles gut bei mir. Bin im Hotel. Hier ist totales Chaos. Ich weiß noch nicht wohin ich fliege und wann ich fliege. Genaueres soll ich noch heute Abend oder morgen erfahren. Dann melde ich mich."

Und ich zeige Fotos vom Zimmer. "Sieht schick aus." Na ja für 85 Euro pro Nacht in Indien? Wir bekommen sehr gute Zimmer für 30 bis 40 Euro in ganz Indien.

"Es kann sein, dass du in Deutschland erst mal in Quarantäne kommst, egal wo du landest." schreibt Hartmut.

"Ich weiß nicht wo ich landen werde." antworte ich.

Ich bekomme eine Nachricht von Christof: "Ist alles Okay? Wie geht es dir? Weißt du schon wo du landest?"

"Ich bin in Delhi im Hotel. Morgen erfahre ich, wann ich fliege und wohin. Ich bin ziemlich fertig nach all den Strapazen. Ich oder wir bekommen kaum Informationen. Keiner weiß, wie es weitergeht. Ich kann einerseits die Botschaft verstehen, es ist eine neue Situation für die Mitarbeiter. Sie haben auch keine Erfahrungen damit. Aber uns macht es unsicher. Heute hatte ich mein erstes Essen nach 30 Stunden. Gute Nacht."

"Gute Nacht", wünscht Christof.

Ich warte vergeblich auf Informationen der Botschaft und gehe schlafen. Sunil schickt mir eine Message, dass er zu Hause ist. Aber es war schwierig wegen der Polizeikontrollen. In ganz Delhi herrscht Lockdown. Und er ist sich nicht sicher, ob er am Morgen zum Hotel kommen kann wegen der Polizeikontrollen.

Aber er ist zu Hause bei seiner Familie und ich bin erleichtert.

25.März 2020

Ich habe die Nacht nicht geschlafen. Ich stehe auf, es ist 7.00 Uhr. Ich rufe den Zimmerservice an und bestelle Frühstück: "Madam, es wird eine Stunde dauern."
Kein Problem, denke ich und gehe unter die Dusche.
Mein Handy klingelt und ich denke, es ist die Botschaft.
Sunil ist es. "Ich bin hier im Foyer. Hier sind ganz viele Menschen mit Gepäck. Du musst kommen."
Wie hat er es geschafft, ins Hotel zu kommen?
Frisch geduscht und mit nassen Haaren renne ich aus dem Zimmer zum Lift. Davor stehen jede Menge Leute. Ich suche den anderen Lift. Auch davor stehen viele Leute. Alle wollen sie rechtzeitig sein, um nach Deutschland zurückzukommen Ich suche die Treppe und renne 6 Etagen runter. Ich verzähle mich bei den Etagen und lande im Keller. Also renne ich wieder eine Etage hoch. Ich bin voller Panik.
Im Foyer angekommen, suche ich Sunil. Es waren so viele Leute mit ihrem Gepäck bereits hier. Warum habe ich keine Nachricht von der Botschaft bekommen, dass es los geht?
Dann höre ich meinen Namen. "Sun!" Sunil hat mich entdeckt und kommt auf mich zu. "Komm, wir holen dein Gepäck". Wir nehmen den Lift. Nach oben sind sie leer. Ich werfe den Rest in den Koffer und ziehe mich um. In Deutschland ist es kalt und im Flugzeug meistens auch. Ich ziehe meine Halbstiefel und einen langärmligen Pullover an.
Ich war im Glauben, es geht vom Hotel gleich zum Flughafen.
Dann fahren wir nach unten ins Foyer. Frühstück habe ich nicht bekommen. Aber ist nicht so schlimm, ich verspüre noch keinen Hunger und im Flieger werde ich etwas bekommen.
Sunil sorgt dafür, dass ich mein Geld für die zweite Nacht zurückerstatte bekomme.
In der ganzen Aufregung habe ich daran nicht gedacht.

"Sun, bitte kannst du mir die Quittung der Zimmerrechnung geben? Die Straßen sind voller Polizisten und sie kontrollieren jeden. Es herrscht Lockdown. Und so kann ich der Polizei zeigen, dass ich im Hotel übernachtet habe."
"Na klar, kannst du sie haben." Ich gebe ihm auch die restlichen Rupies, die ich habe.
In der Halle tummeln sich nun Hunderte von maskierten Menschen und irgendwie weiß kein Mensch, was los ist und wie es weiter geht. Jeder fragt jeden und alle schütteln nur mit dem Kopf.

Panik im Hotel

Dann müssen wir uns in eine Reihe stellen, auf Abstand . So nach und nach werden wir auf die Busse verteilt. Bevor wir in den Bus einsteigen dürfen, wird nochmals Fieber gemessen. Sunil ist die ganze Zeit bei mir.
Aber nun ist es Zeit Abschied von Sunil zu nehmen.
"Sunil, it is time to say Good bye. Thank you so much for your

help." Er hat Tränen in den Augen. Ich auch und steige in den Bus. In den letzten Tagen haben wir viel durchgemacht. Wir winken uns nochmals zu und der Bus fährt los, aber nicht in Richtung Flughafen, wie ich dachte. Es geht in eine andere Richtung. Nach zwanzig Minuten erreichen wir die Deutsche Botschaft. Der Bus stoppt und wir wollen aussteigen. Ein Mitarbeiter der Botschaft kommt in den Bus und spricht zu uns: "Bitte bleiben Sie im Bus. Sie müssen warten. Es dauert einige Zeit, bis sie in die Botschaft hinein können. Draußen ist es heißer als im Bus."

Nicht lange, denn die Klimaanlage versagt nach einiger Zeit. Wir warten eine Stunde. Hinter mir sitzt eine Familie mit einem Kleinkind. Die Eltern singen und geben sich Mühe, das Kind zu beruhigen.

Nach der zweiten Stunde wird das Kind unruhig. Ich kann es verstehen. Ein anderes indisches Ehepaar ist auch mit ihrem Kleinstkind im Bus. Es fängt an zu schreien. Es schreit und schreit, und die Eltern tun mir leid. Die Sonne scheint und die Klimaanlage des Busses kühlt nicht wirklich. Es wird immer wärmer. Ein Mitarbeiter der Botschaft kommt in den Bus und verteilt kleine Wasserflaschen an jeden.

Es ist Mittag. Noch immer sitzen wir im Bus bei praller Sonne. Die Kinder weinen und die Eltern versuchen sie zu beruhigen. Ich möchte nicht in der Haut der Eltern stecken. Zwei Reihen vor mir sitzt ein junger Mann, total in schwarz gekleidet. Ich kenne viele Außenseiter, die in Indien leben. Es sind sogenannte Westler, Israelis und Hippies. Aber diesen Typ kann ich keiner Gruppe zuordnen. Dieser Mann dreht sich um zu den jungen Familien und fragt sie, warum ihre Kinder keine Masken tragen? Es ist unverantwortlich, meint er. Der eine Vater rechtfertigt sich und antwortet ihm: "Es ist ein kleines Kind, er kann es nicht verstehen und hat Angst." Es beginnt eine Diskussion zwischen den Beiden. Jetzt reicht es mir und ich frage den Schwarzgekleideten, ob er Kinder hat. Er verneint und meine Antwort ist: " Dann halte den Mund und trage deine Maske!" Ich bin so wütend und auch gestresst.

Nach weiteren Stunden verteilt der Busfahrer Bananen, für jeden eine. Eigentlich waren das Bananen für seine Familie. Aber er weiß, dass wir hungrig sind. Ich gebe meine Banane der einen Familie mit dem Kleinstkind und ein weiterer Herr tut es auch.

Fieber messen vor der Botschaft

Endlich kommt jemand von der Botschaft und erklärt uns die weiteren Schritte: "Sie können nun den Bus verlassen. Es wird bei allen Fieber gemessen. Ihr Gepäck stellen Sie an den ausgewiesenen Platz für ihren Bus. Danach gehen Sie zum Sicherheitscheck. Sie legen ihr Handgepäck aufs Band und gehen durch die Sicherheitsschleuse. Es ist genauso wie im Flughafen. Es tut uns leid, dass wir Sie nicht verpflegen können. Wie Sie wissen, sind die Geschäfte seit Tagen zu."

Es ist 14.00 Uhr. Ich bin froh, den Bus verlassen zu können. Wir dürfen nur einzeln den Eingang der Botschaft betreten. Es wird wieder Fieber gemessen und dann zeigt man mir den Stellplatz für mein Gepäck. Danach gehe ich zum Sicherheitsscheck. Mein Pass wird kontrolliert, ob ich ein gültiges Visum habe. Habe ich noch bis zum Januar 2021. Dann wird mir gesagt, dass ich einen Platz im Bus Nr.6 zum Flughafen habe. Nun muss ich durch die Schleuse und darf den Garten der Botschaft betreten.

Auf dem Botschaftsgelände

Auf dem Botschaftsgelände tummeln sich Hunderte von registrierten Touristen. Es gibt ein paar Sonnenschirme, die natürlich alle belegt sind. Es gibt auch Stühle im Garten, die aber auch belegt sind. Ich setze mich ins Gras.
Die Botschaft verteilt nochmals für jeden eine Banane und eine kleine Packung Kekse. Die Kekse schmecken pappig. Ich weiß nicht, wo sie die hergeholt haben. Ich esse einen und bin satt.

Aber dann bekommen wir Tee und Filterwasser, was wir uns abfüllen können, denn Wasser in Indien aus der Leitung zu trinken ist schier unmöglich. Außer man mag die Montezumas Rache und das Erbrechen, was dem folgt. Ich fülle meine Flasche mit Filterwasser und esse die Banane.

Sunil schreibt mir, dass er zu Hause gut angekommen ist. Gott sei Dank. Ich bin beruhigt.

Ich schreibe an Christof, dass ich in Frankfurt landen werde.

"Nimm den Zug nach Hamburg. Ich suche dir einen raus" antwortet Christof.

Er schickt mir ein Foto aus dem Internet. "Super Sparpreis für 121,80 Euro. Abfahrt 10.42 Uhr"

"Aber vielleicht nehme ich den Flieger?"

"Wenn du den Flieger nimmst, bist du auch nur kurze Zeit früher da, als mit dem Zug", meint Christof.

Ich werde sehen wenn ich in Frankfurt bin, ob ich den Zug oder einen Flug nehme. Das Flugticket ist nicht viel teurer als das Bahnticket. Und ich habe nicht den Stress zum Bahnhof zu kommen.

Ich wusste zu dieser Zeit nicht, dass die Züge direkt vom Flughafen abfahren. Ich bekam einen Zug 8.00 Uhr und fuhr kostenlos, aber ich brauchte 7 Stunden. Aber dazu später.

Ich gehe ein wenig im Garten umher und beobachte die Menschen. Die meisten sind in Gruppen oder in Familie. Nur ganz wenige sind allein so wie ich. Dann komme ich mit zwei älteren Frauen ins Gespräch. Sie sagen mir, dass sie ein Ehepaar sind und in Hamburg wohnen. Sie waren in Rishikesh und der Hotelbesitzer machte sie auf die Rückholaktion aufmerksam und fuhr sie nach Delhi. Aber die beiden Damen hatten nicht so viele Probleme nach Delhi zu kommen, denn der Hotelbesitzer ist ein Millionär.

Sie erzählen mir, dass alle Ausländer aufgefordert worden sind, die Ashrams zu verlassen. Rishikesh ist bekannt für die

Meditationszentren. Den spirituellen Leiter und Führer nennt man Guru. Daneben gibt es noch die Yogis, die Vorträge halten. Auch die Beatles waren 1968 hier. Hier schrieben sie viele Songs, unter anderem Ob-La-Di,-Ob-La-Da.

Jetzt kann ich mir auch all die "schrägen Vögel" erklären, die hier im Garten sind. Sie tragen Rastazöpfe, lange, weite Hosen, sind barfuß und haben einen Blick, als ob sie ihre Joints erfolgreich durch die Sicherheit bringen konnten. Es sind junge Leute aber auch ältere dabei. Sie sitzen im Kreis und meditieren.

Dann treffe ich auf eine kleine Gruppe älterer Männer und Frauen. Wie ich höre, kommen sie aus Goa. Ein paar Althippies mit verlebter und von der Sonne gegerbter Gesichthaut und langen Haaren. Ich habe das Gefühl, über ihnen schwebt noch eine Wolke von Haschisch. Sie sitzen zusammen und diskutieren. Ich kann nicht verstehen worüber sie sprechen, aber ich sehe sie gestikulieren. Wer wird sie in Deutschland mit "Gras" versorgen?

Ich bekomme einen Anruf von Sunil. "Wie geht es dir?" Hast du was gegessen?"

"Ja, zwei Bananen und einen Keks. Aber Filterwasser gibt es. Es geht mir gut. Ich kann nicht lange sprechen, weil mein Akku nur noch halbvoll ist. Ich kann es nicht aufladen." antworte ich. Eigentlich fühle ich mich beschissen, aber ich sage es ihm nicht.

Plötzlich fühle ich mich sehr einsam und mir kommen die Tränen. Ich kann sie nicht stoppen und heule dann richtig los. Ich setze mich wieder ins Gras. Das Sitzen im Gras bereitet mir Schmerzen und ich suche einen freien Stuhl. Ich finde keinen und setze mich wieder ins Gras. Moskitos kommen. Ich weiß nicht wie vielen Mücken ich Blut gespendet habe. Es juckt überall.

Ich muss auf die Toilette und gehe den Weg, den die meisten Touristen gehen. Die Botschaft hat 3 Dixis zur Verfügung gestellt für mehr als 500 Leute. Ich stelle mich in die Reihe und warte. Es dauert eine Zeit, bis ich das Klo benutzen kann. Inzwischen ist es 19.00 Uhr. Da kommt eine Durchsage: "Bitte halten sie sich bereit, wir beginnen mit dem Transfer zum Flughafen. Achten sie darauf, welche Busnummer sie haben. Die wurde ihnen mitgeteilt."

Wir warten und neben mir sind 2 junge Frauen. Die eine stupste die andere an und sagte: "Guck mal die großen Vögel" "Es sind keine Vögel, es sind Flughunde", erkläre ich. "Sind das so was wie Fledermäuse?" fragt die eine. "Ja, sie unterscheiden sich aber durch einige Merkmale. Keine Angst, sie sind harmlos", erkläre ich ihnen.

Nach einer weiteren Stunde wird der Bus Nummer 6 aufgerufen. Wir stellen uns alle brav in eine Schlange und gehen dann hintereinander zu unserem Gepäck. Ich nehme meinen Koffer und gehe zum Bus Nr. 6.

Unterdessen ist es 20.00 Uhr. Ich sitze im Bus, aber er fährt nicht los. Ich weiß nicht warum. Nach eineinhalbstündiger Wartezeit geht es dann endlich zum Flughafen. Im Bus ist es sehr ruhig. Alle scheinen müde und geschafft zu sein. Die meisten haben eine Odyssee hinter sich, wie ich. In jedem Bus fährt ein Mitarbeiter der deutschen Botschaft mit. Die Seitentüren der Busse sind mit offiziell aussehenden Beschriftungen beklebt: German Embassy.

Nach 20 Minuten erreichen wir den Flughafen. Wir stehen nun alle am Schalter um einzuchecken. 500 Menschen, für die ein riesiger Jumbo bereitsteht. Es dauert ewig, bis ich an der Reihe bin. Eine Mitarbeiterin vom Flughafen kommt und misst Fieber bei allen Fluggästen. Eine junge Frau steht vor mir, dreht sich zu mir um und sagt: "Immer wenn die mit ihrem Fieberthermometer kommen, kriege ich Schweißausbrüche und habe Angst, dass es Fieber ist." "Nee", sage ich, "das sind die Hormone!"

Ich habe eingecheckt und gehe zum Gate. Es wirkt alles so irreal. Wo sonst buntes Treiben herrscht, ist nun gähnende Leere. Alle Geschäfte sind zu und mit Brettern zugenagelt oder mit Folien abgedeckt. Es wirkt gespenstig. Wieder müssen wir warten. Ganze 3 Stunden.

Sunil ruft mich an: "Wie geht es dir? Hast du nun gegessen?"

"Ja es geht mir gut. Alles ist okay, mach dir keine Sorgen", lüge ich und die Tränen kommen. Ich würde gerne laut losheulen, aber ich reiße mich zusammen.

Ich suche eine Ladestation für mein Handy. Aber alle sind bereits besetzt. Und ich gehe weiter zu anderen Gates. Überall liegen die Leute auf dem Teppichboden zwischen den Stühlen und schlafen. Alle haben einen mehr oder weniger langen und mühsamen Weg hinter sich, um nach Delhi einzureisen. Züge, Taxis und Busse fahren ja nicht mehr. Alle Flughäfen sind gesperrt. Hotels nehmen keine Ausländer mehr auf und die Läden sind seit Tagen geschlossen.

Und wie viele es nicht geschafft haben und immer noch in Indien festsitzen, erfuhr ich, als ich in Deutschland war.

Wir haben noch drei Stunden Zeit bis zum Abflug. Ich finde endlich eine freie Ladestation für mein Handy, weit entfernt von meinem Gate. Aber ich habe ja Zeit. Ich schreibe Hartmut, dass ich am Gate bin.

26. März 2020

Es ist 2.00 Uhr und ich bekomme einen Anruf von Inder. "Wie geht es dir?"
"Alles ist gut, Inder. Schlaf nun, ich melde mich, wenn ich wieder in Deutschland bin."
Unser Flug wird durchgesagt und ich gehe zurück zum Gate. Zuerst werden die Passagiere für das Oberdeck aufgerufen, dann wir für das Unterdeck. Wieder langes Warten. Meine Gedanken sind: Hurra. nun bekomme ich endlich ein richtiges Essen. Ich erreiche meinen Platz, ziemlich weit hinten und nehme mein Handy und Tablett und verstaue beides in die Tasche meines Vordersitzes.
Es kommt eine Ansage des Piloten: "Es tut uns leid ihnen mitzuteilen. dass der Flug sich um Weiteres verschieben wird. Es fehlen Papiere, die die indische Flughafenbehörde benötigt."
Nach einer weiteren halben Stunde Wartezeit kommt die Durchsage des Kapitäns, dass wir die Starterlaubnis erhalten haben. Plötzlich klatschen alle Passagiere. Sie sind genauso froh wie ich, nach all dem Horror nach Hause zu kommen. Wir starten und nach zehn Stunden Direktflug werden wir in Frankfurt/Main landen.
Ich freue mich auf das Essen, was uns bald gereicht werden wird. Endlich eine warme Mahlzeit nach so vielen Stunden. Und eigentlich nach Tagen, außer dem Dal (Linsenbrei) im Hotel. Während meine Gedanken beim Essen sind, spricht der Kapitän zu uns: "Liebe Passagiere, aufgrund des Corona-problems können wir ihnen nur ein kleines einfaches Menü servieren. Es tut uns leid. Bitte haben sie Verständnis. Wir sind nach Delhi geflogen und fliegen sie nun nach Deutschland zurück. Es war alles sehr spontan. Ich danke meiner Crew für den Einsatz. Alle haben viele Stunden hinter sich." Wieder Beifall von den Passagieren.

Wir bekommen eine Flasche Wasser und eine kleine Mahlzeit. Es ist in Ordnung. Es ist 3.50 Uhr und ich verspüre keinen Hunger mehr.

Es ist 4.30 Uhr. Die meisten Passagiere schlafen nun. Ich kann nicht schlafen und versuche zu lesen. Geht auch nicht. Ich schaue nach den Bordfilmen, die sie anbieten. Aber ich kann nichts finden, was mich interessiert. Ich versuche zu schlafen. Aber so viele Gedanken kreisen in meinem Kopf. Meine Praxis muss ich schließen und wir dürfen auch nicht mehr in die Altenheime. Meine beiden Mitarbeiterinnen sitzen zu Hause. Und ich muss für die nächsten Wochen in Quarantäne. Gott sei Dank zu Hause und nicht in einer separaten Unterkunft.

6.00 Uhr MEZ. Wir landen in Frankfurt/Main und der Kapitän spricht zu uns: "Bitte bleiben sie sitzen. Sie werden reihenweise aufgerufen, das Flugzeug zu verlassen, damit der Sicherheitsabstand eingehalten werden kann. Zuerst ist das obere Deck an der Reihe. Behalten sie ihren Mund- und Nasenschutz auf."

Ich sitze im unteren Deck und weit hinten. "Na, das kann ja noch dauern", denke ich. Und so warten wir und warten. 500 Passagiere müssen von Bord und das mit Sicherheitsabstand? Dann plötzlich wird der Plan geändert.

Pilot: "Wir beginnen mit dem unteren Deck."

Von der Stewardess kommen nun die neuen Durchsagen:" Linke Reihe 11, bitte machen sie sich fertig. Nehmen sie ihr Gepäck. Sie können demnächst das Flugzeug verlassen."

Und nach 5 Minuten erneut eine Durchsage der Stewardess." Linke Reihe 11, begeben sie sich zum Ausgang nach hinten. Und rechte Reihe 2 bereiten sie sich nun für den Ausstieg vor. Benutzen sie den vorderen Ausstieg und halten sie Abstand."

Und so geht es immer weiter. Jede Reihe wird aufgerufen, sich vorzubereiten und dann aufgefordert, zum Ausgang (vorne oder hinten) zu gehen und Abstand zu halten.

Dann werden wir mit Bussen zum Flughafengebäude gefahren. Jetzt wird kein Mindestabstand mehr eingehalten, aber wir alle tragen unsere Masken.

Wir gehen zur Gepäckausgabe. Nur ein Band wird geöffnet für 500 Leute. Und viele indische Familien, die in Deutschland leben, haben eine Menge Gepäck bei sich.

"Gut", denke ich, "das kann dauern." Nach etwa einer halben Stunde entdecke ich meinen Koffer. Mühsam zerre ich ihn vom Band. Es hilft mir keiner von den anderen Wartenden. Ich wundere mich, dass kein Personal vom Flughafen Masken trägt wie wir.

Ich gehe zum Ausgang und finde eine Anzeigetafel für die nächsten Zugverbindungen nach Hamburg. Es ist also möglich direkt vom Flughafen einen Zug nach Hamburg zu nehmen. Ich dachte, ich müsste mit S-Bahn oder U-Bahn zum Bahnhof fahren. Ich gehe zum Fahrkartenschalter und da ist die Hölle los. Eine lange Schlange steht vor dem Schalter. Ich drehe um und gehe zu den Bahnsteigen. Ein Ehepaar spricht mich an und fragt mich ob man ein Bahn-Ticket braucht, um nach Hause zu kommen. Ich sage ihnen, dass es mir egal ist, ob ich ein Ticket brauche. Und dass ich mich in den nächsten Zug setzen werde. Mit oder ohne Ticket. Es ist mir Scheißegal.

Ich bin am Bahnsteig angekommen und tatsächlich ist eine Imbissbude geöffnet. Ich kaufe ein belegtes Brötchen. Ich lege es in meinen Rucksack. Der Zug kommt, ich habe Probleme, meinen Koffer hineinzuzerren. Es kommt eine junge Frau zu mir und hilft mir.

Der Zug ist sehr leer und ich mache es mir bequem am Fensterplatz. Die junge Frau auch auf der anderen Seite. Wir kommen ins Gespräch und tauschen Erlebnisse aus. Sie ist Angestellte im Sozialen Dienst und hat ihren Urlaub von zwei Jahren genommen, um durch Indien zu reisen. Es hat ja nun nicht geklappt, auch sie musste vorzeitig abreisen.

Ich schreibe an Hartmut, dass ich im Zug bin und so wie Christof sagte, nach etwa 4 Stunden Hamburg erreichen werde. Ich esse mein Käsebrötchen. Es schmeckt lecker. In Indien gibt es keinen Käse, so wie wir ihn kennen. Es gibt nur eine einzige Sorte von Käse. Es ist Paneer, gewonnen aus Kuhmilch. Dazu wird die Milch aufgekocht und durch Zugabe von Essig zum Gerinnen gebracht. Die geronnenen Bestandteile der Milch werden mit Hilfe eines Stofftuchs von der Molke getrennt und dann gepresst. Ihn pur zu essen ist nicht mein Geschmack, aber mit einem Teig aus Kichererbsenmehl und dann frittiert (nennt sich Paneer Pakora) schmeckt der Käse besser. Ich werde müde und schließe die Augen. Es dauert nicht lange und ich schlafe ein.

Plötzlich durchzuckt es mich am ganzen Körper und ich falle vom Sitz. Ich bin hellwach. Die junge Frau sieht mich an: "Das ist der Stress. Ihr Körper entspannt sich jetzt nach all den Erlebnissen."

Manchmal habe ich ein Zucken im Bein, wenn ich im Bett liege. Aber so schlimm habe ich es noch nie erlebt.

Die Schaffnerin kommt und ich bin gespannt, ob mein Flugticket ausreicht. Ein Bahnticket habe ich ja nicht. Ich weiß, wenn man eine Tour übers Reisebüro bucht, dass das Bahnticket inklusive ist. Aber ich bin kein Pauschaltourist. Ich zeige ihr mein Ticket und sie nickt höflich und geht weiter.

Nun freue ich mich, dass ich kein Ticket für den Zug gekauft habe, nicht den Flieger genommen habe und Christof mir kein Bahnticket gebucht hat. Die ganze Rückreise war teuer: Ticket von Turkish Airlines für 320 €, Ticket von Emirates für 520 € und Rückholaktion vom Auswärtigen Amt nochmals 500 €. Aber gespart das Bahnticket für 120 €.

Ich schreibe an Christof: "Bin im Zug. War aufregend, bin schon ewige Zeit keinen Zug mehr gefahren."

Christof: "Bist du in einem Direktzug nach Hamburg und weiß Vati, wann du ankommst?"

Ich: "Ja. Er weiß es. Und du sagtest, dass der Zug vier Stunden braucht. Ich werde aber den Schaffner fragen."

Christof: "Du solltest Hauptbahnhof aussteigen, nicht in Altona. Das ist einfacher für euch."

Ich: "Ich frage den Schaffner, ob er am HBF hält."

Der Zug hält am Hauptbahnhof, aber nicht nach 4 Stunden, sondern nach 7-stündiger Fahrt.

Hartmut: "Bin jetzt hier am Hauptbahnhof. Wenn ich gewusst hätte dass du drei Stunden länger brauchst, wäre ich zwei Stunden später losgefahren von Rostock."

"Ich kann nichts dafür. Habe in den letzten Tagen auch genug Zeit mit Warten verbracht. Christof meint, normalerweise braucht der ICE Zug nur 4 Stunden. Aber vielleicht hält er jetzt öfter an, weil einige Zugverbindungen gestrichen worden sind. Geh doch Kaffee trinken."

Hartmut: "Macht nichts, es gibt Schlimmeres!"

Der Zug erreicht Hamburg und ich zerre meinen Koffer aus dem Zug.

Endlich daheim!

Ich sehe Hartmut

Und es kommt ein Bettler auf mich zu.

"Ich habe Hunger", sagt er.

"Ich auch", antworte ich ihm und Hartmut gibt ihm 2 Euro.

Wir fahren nach Hause und ich gehe für zwei Wochen in Quarantäne.

Rückschau

Ich liebe Indien. Meine deutschen Freunde meinen, es ist meine zweite Heimat. Und meine indischen Freunde meinen, ich war in meinem ersten Leben Inderin. Ich hatte keine gute Zeit mit Corona in Indien. Aber wir können froh sein, mit dem Virus in Deutschland zu leben.

Während in Indien immer noch Lockdown herrscht, lockert sich alles wieder in Deutschland. Wir haben den 30. Juni. Dennoch sollten wir vorsichtig sein. Das Coronavirus kennt keine Grenzen.

Ich blicke besorgt auf Indien. Fabriken, Geschäfte, Hotels und Lokale etc. wurden binnen vier Stunden vom Premierminister geschlossen. Ich habe es miterlebt. Es gab keine Gelegenheit, sich auf eine mehrwöchige Ausgangssperre vorzubereiten.

Die Wohlhabenden und Mittelschichten können sich in ihre geschlossenen Wohnanlagen zurückziehen, während die Wanderarbeiter ihre Arbeit verloren und versuchten, tagelang zu Fuß in ihre Dörfer zurückzukehren. Eine andere Alternative hatten sie nicht. Vielen gelang es nicht, wie ich es aus der Presse entnahm. Sie verhungerten. Millionen verarmter, durstiger, hungriger und behinderter Menschen.

Während sich unsere Regierung um uns Menschen kümmert und nach Lösungen sucht, erledigte Modi, der Premierminister, seine Aufgaben nicht gut. Er schaute sich das Vorgehen von Frankreich und Italien ab. So erklärte er die Notwendigkeit des "Social Distancing".

Aber wie ist das möglich in einem Land, wo die meisten Menschen auf der Erde leben? Und ein Land welches vom Kastensystem durchdrungen ist und die Schere zwischen Armut und Reichtum so breit auseinander ist?

Abstandhalten und regelmäßiges Händewaschen ist für viele Inder nicht möglich. Fließend Wasser? Fehlanzeige. Masken und Desinfektionsmittel? Luxusgüter.

Nicht die indische Zentralregierung half den Menschen und suchte nach Lösungen, sondern die Minister der einzelnen Bundesstaaten. Sie haben mehr Herz und Verständnis gezeigt als die Zentralregierung von Modi.

Immer wieder erhalte ich Fotos von indischen Freunden, die den Zusammenhalt und die Hilfsbereitschaft zeigen, dass trotz Lockdown es Menschen wagen, auf die Straße zu gehen, um den Armen Essen und Wasser zu reichen. Ich telefoniere oft mit meinen indischen Freunden.

Ashis hat seit einem Jahr keine Aufträge für Fotografie. Erst war er schwer krank und dann kam Corona. Er ging jeden Tag fischen, um seine Familie zu ernähren. Nun beginnt es wärmer zu werden und die Fische werden weniger.

Inder hat eine große Familie im Hinterhalt. Er und seine Familie müssen nicht hungern.

Sunil ist immer noch im Lockdown in Delhi. Ihm fehlen die Einnahmen von den Touristen. Er lebt seit dem 26.03. mit seiner Frau, seinen 2 Söhnen, Schwiegermutter, Schwager und Schwägerin mit deren kleinen Tochter in einer kleinen Dreiraumwohnung. In Delhi herrschen inzwischen 48 Grad.

Hartmut und ich unterstützen Sunil und Ashis finanziell etwas. So können sie Reis und Gemüse für die nächsten Wochen kaufen. Beide halfen uns sehr, als wir in schwierigen Situationen in Indien waren.

Inzwischen sind auch Kamal und Poonam verheiratet. Es war nur eine kleine Hochzeit. Poonam und ihre Familie sind immer noch in Indien und warten, dass ein Flieger nach Deutschland geht. Dann will Poonam Kamal nach Deutschland holen.

Vitjay Dogra ist im November an Nierenversagen verstorben. Es tut uns unendlich leid.

So wie es mir in Indien erging, erging es auch den meisten Touristen, die allein unterwegs waren. Egal ob in Afrika, Australien, Südamerika oder sonst wo.

Ich hatte viele indische Freunde, die mich unterstützten. Sie standen mir bei, gaben mir Trost und Kraft. Ich danke ihnen allen von Herzen.

Mein Dank geht auch an meine Familie und an Freunde.

Es war die größte Rückholaktion in der deutschen Geschichte", sagte Außenminister Heiko Maas. Und er erwähnte: "Unter den Rückholaktionen für Deutsche aus dutzenden Ländern ist die indische Operation nicht die größte, aber eine der kompliziertesten Aktionen gewesen."

Die FAZ titelt am 1. April 2020: "Wie die Deutsche Botschaft in Neu Delhi zum Rückholcamp geworden ist" Weiter heißt es: "Es ist eine der kompliziertesten Rückholaktionen, mit der das Auswärtige Amt im Zuge der Corona-Pandemie befasst ist: 5000 Deutsche aus Indien zu schaffen. Für viele wurde die Lage kritisch.

So viele Gäste hat die Residenz des Deutschen Botschafters in Neu Delhi selten gesehen: Rund 1000 Deutsche drängten sich letzte Woche im Empfangsgebäude des Botschafters und auf dem Rasen ringsum. Doch sie hielten weder Schnittchen noch Cocktailgläser in der Hand, sondern Griffe ihrer Reisekoffer umklammert; die meisten sahen müde aus und sorgenvoll. Von der Terrasse aus gesehen ähnelte das Bild ein wenig der Szenerie, die DDR-Flüchtlinge im Garten der Prager Botschaft vor dreißig Jahren bildeten. Aber es gab keinen "Balkon-Moment". Die deutschen Touristen, die in der Corona-Krise in Indien gestrandet waren, wussten bei ihrer Ankunft im Residenzgarten schon, dass die schlimmste Ungewissheit vorbei war; dass zwei im Rahmen der der Rückholaktion vom Auswärtigen Amt gecharterte A-380 Riesenflieger nach Delhi unterwegs waren, um sie nach Hause zu holen."

Und ich war dabei!

Nachtrag

Nach 6 Monaten befragte ich einige Inder, wie sie Corona erleben und welches Schicksal sie durchmachten. Ich habe es original übersetzt und manchmal klingt das Deutsch nicht korrekt. Aber ich wollte die Texte nicht verändern.

Ashris Misra, 55 Jahre und vom Beruf Fotograf und Reiseführer:
"Ich bin Fotograf und Reiseführer. Seit März habe ich keine Aufträge. Weder für Fotografie noch für Tourismus. Ich machte Fotos von Hochzeiten und gestaltete Fotobücher. Jetzt ist es nicht mehr möglich. Keiner engagiert einen Fotografen in dieser Zeit.
Ich ging so oft wie möglich angeln, um meine Familie zu ernähren. Aber ich verkaufte meinen Stellplatz am Fluss auch. Ich verkaufte 2 Kameras mit Objektiven und wir verkauften das Gold meiner Frau.
Wir hatten drei Kühe, aber wir mussten zwei Kühe abgeben, um Essen zu kaufen. Ich hoffe, wir können eine Kuh behalten, um die Milch zu trinken und aus dem Dung machen wir Feuer. Holz ist teuer in Indien. Ich weiß nicht, wie es weiter geht. Und die Verzweiflung breitet sich aus."

Sunil Sharma, 54 Jahre und vom Beruf Reiseführer.
"Seit März habe ich keine Aufträge mehr, weil die Touristen wegbleiben. Unsere Familie verbrachte die ersten Wochen in unserer kleinen Wohnung in Delhi. Es herrschte strenges Lockdown. Wir nahmen die Schwester meiner Frau, ihren Mann und deren kleinen Tochter bei uns auf. Sie haben nur eine Einraumwohnung. So lebten wir mit vier Erwachsenen, zwei Jugendlichen und einem kleinem Kind in einer kleinen Dreiraumwohnung. Durch den strengen Lockdown war es nicht

möglich raus zu gehen. Unsere einzige Möglichkeit frische Luft zu schnappen, war der Gang zum Dach des Hauses. Wir haben 48 Grad in Dehli und es ist nur im Dunkeln möglich hinaufzugehen.

Unsere Familie beschloss, in unser Heimatdorf in den Himalaya zu gehen. Dort angekommen, mussten wir in ein Auffanglager. Es war ein riesiges Zelt mit tausend einfachen Liegen. Meine Frau ist an Krebs erkrankt. Ich kann es ihr nicht zumuten, hier die nächsten Wochen zu verweilen. Ich sprach mit den Behörden und wir durften weiter reisen in Richtung Heimatdorf.

Dort mussten wir ein seit vielen Jahren verlassenes Dorf beziehen. Das Haus, was sie uns gaben war so lange Zeit nicht bewohnt.

Die Polizei Kangra Administration befestigte ein Schild an die Haustür.

Covid 19
Do not visit.
This home is under quarantine.
Name Sunil Sharma
From 20.06. to 04.07.20

Als wir das Haus betraten, sahen wir Skorpione und eine riesige Kobra. Ich gebe es zu, dass unsere Angst groß war. Das Haus hatte viele Löcher und wir wussten nicht, woher die Schlange kam. Alle paar Stunden wechselten sich meine Söhne und ich ab, um das Haus wegen der Kobra zu überwachen.

Nach zwei Wochen durften wir in das Haus meiner Mutter einziehen und etwas Normalität trat ein. Aber ich weiß nicht, wie wir alles bewältigen können ohne meine Arbeit. Meine beiden Söhne studieren, haben es aber unterbrechen müssen. Wir können kein Schulgeld bezahlen. Und meine Frau braucht Medikamente.

Ich habe nun einen Job in einem kleinen Laden. Ich arbeite von 10.00 Uhr morgens bis 20.00 Uhr abends. Ich verdiene pro Tag etwa 2 Euro. Aber es hilft etwas, zu kaufen Reis und Milch. Es ist besser als nur zu Hause zu sitzen."

Dhumketu, 63 Jahre alt und vom Beruf Hochschullehrer.
"Hallo Freund Sunhild, ich möchte Sie darüber informieren dass die plötzliche Absperrung den Arbeitsemigranten große Probleme bereitete. Die Züge, Busse und alle Arten von Transporten waren zusammengebrochen. Alle mussten zusammen mit Gepäck, Kindern und schwangeren Müttern hunderte von Kilometern auf der Straße laufen. Während sich einige von ihnen auf der Eisenbahnlinie ausruhten, fuhr der Güterzug über sie hinweg. Sie waren zu müde und kaputt, um dem herankommenden Zug zu entfliehen. Das ist ein schrecklicher Zustand, dem sich die Arbeitsemigranten gegenübersehen. Abgesehen von der oben genannten tragischen Situation sind uns weitere unmenschliche Aktivitäten bei coviden Patienten aufgefallen. Sie wurden von den Nachbarn exkommuniziert, als sie positiv waren. Niemand half ihnen sie in Krankenhäuser zu bringen. Niemand hat ihnen geholfen Medikamente, Lebensmittel usw. zu kaufen. Zuletzt haben sich einige freiwillige Organisationen gemeldet und eine bemerkenswerte Rolle dabei gespielt. Und sie machen bis jetzt weiter. Meiner Familie geht es dementsprechend gut. Wir haben genug zu Essen."

Kamal Jaswal, 27 Jahre und vom Beruf Advokat.
"Das plötzliche Lockdown im ganzen Land war nicht die richtige Lösung. Es brachte unzähligen Menschen Elend und zerstörte Leben. Und wir können die Konsequenzen der Gesellschaft nicht reparieren. Wenn wir (Modi der Premierminister) die Sperrung besser geplant hätten, hätten

wir immer noch Verluste gehabt, aber sie wären nicht größer gewesen als das, was wir jetzt erleben. Die Entschuldigung für das Lockdown war, Zeit zu gewinnen. Aber was wir in dieser Zeit erreicht haben, ist meines Erachtens nicht angemessen für den Schaden durch den Lockdown."

Jetzt schrieb Kamal:

"Die Hochzeit in Indien und insbesondere in Punjab (ein Staat) ist eine gewaltige Angelegenheit. Die Eltern sparen jahrelang Geld, um sie für die Hochzeit ihrer Kinder auszugeben. Normalerweise werden 500 Leute eingeladen. Aber aufgrund von Corona waren wir nur 10 Gäste. Wir hätten nie gedacht, dass Eheschließungen so günstig sein können. Zumindest war das eine gute Auswirkung aufgrund Corona. Wir sparten eine Menge Geld."

Mak Jain, 34 Jahre alt, Yogalehrer, arbeitet im Asrham Spirutuelles Zentrum) in Rishikesh:

"Niemand wusste, dass es zu einer so plötzlichen Sperrung kommen würde. Alle Flüge wurde Mitte März verboten und ich verlor meine Arbeit., denn Touristen konnten nicht mehr kommen.

Aber auch viele Touristen steckten in Indien fest und wollten in ihr Land zurück. Es war so ein Chaos. Ich versuchte, vielen von ihnen zu helfen.

Am 23. März erhielt ich einen Anruf von meinem Vater. Er sagte mir, dass meine Großmutter verstorben ist. Ich musste ein Taxi in meine Heimatstadt Haryana nehmen. Ich machte dort die Verbrennungszeremonie. Am nächsten Tag erfuhren wir von der Sperre und dass es nicht möglich ist, zurückzukehren oder irgendwohin zu gehen. Ich saß mit meinen Eltern bei meinem Onkel fest in einer kleinen Behausung.

Mit der Zeit wurde mir klar, dass es mich verrückt macht, weil ich nichts tun konnte und nicht spazieren gehen konnte. Ich wurde in meinen eigenen Gedanken negativ.

Wir waren auch eine Belastung für die Familie meines Onkels, da es nicht einfach war, uns so lange zu beherbergen und uns zu ernähren.. Sie sagten aber nichts, da Inder immer hilfreich sind. Aber wir wussten ,dass es nicht einfach für sie war. Im Mai half uns ein Freund meines Onkels. Er ist Polizist. Ich konnte mit meinen Eltern zurück nach Delhi. Aber in Delhi war es noch schwieriger immer zu Hause zu bleiben. Jeden Tag war ich froh, dass er vergangen war.

Ich wollte zurück nach Rishikesh, ich hatte dort mein Zimmer und musste die Miete bezahlen. Aber wie? Ich sprach mit meinem Vermieter und er reduzierte die Miete etwas. In dieser Situation war es ein wenig Hilfe. Und dann bekomme ich etwas Hilfe von Freunden, die bereits arbeiten.

Oft glaubte ich, ich würde in eine Depression geraten, weil ich nicht nach draußen konnte und in der Natur sein konnte. Ich vermisse meine Freunde. Mir fehlt die menschliche Nähe und der Kontakt.

Der Lockdown in Indien ist lockerer, aber die Cornafälle nehmen dramatisch zu. Aber die Menschen können nicht nur zu Hause bleiben. Wovon sollen sie leben? Sie verdienen keine Geld für Essen und die Miete. Der Staat hilft uns nicht. Es ist Fehlanzeige."

Dr. Siladitya Ray, 51 Jahre, Beruf Neuropsychiater und Experte für Stressmanagement

Das Corona-Virus hat das globale Bild von Panik und Angst

geprägt, von denen mehrere Millionen Menschen betroffen sind und etwa eineinhalb Millionen Menschen aus "heiterem Himmel" den Tod fanden. In Indien ist das Bild nicht anders, obwohl die Inzidenzrate und die Sterblichkeitsrate überraschenderweise niedrig sind. Das liegt an der nicht zu widerlegenden Tatsache, dass die allgemeine Immunität unter Indern ziemlich hoch ist, aufgrund der hohen Umweltverschmutzung, aller Arten von Infektionskrankheiten und hoher psychischer Toleranz.

Bis heute habe ich mehr als 300 Covid-19 Patienten behandelt. Alle haben sich erholt. Es ist jedoch interessant festzustellen, dass ich eine Reihe von Covid Fällen gesehen habe, die entweder asymptomatisch waren oder seltsame Symptome wie Rückenschmerzen, verschwommenes Sehen, Bauchschmerzen, Pilzinfektionen, allergische Reaktionen, Bewusstseinstrübung und erektile Dysfunktion aufwiesen.

Trotz der wiederholten Bitte, die persönliche Sicherheit durch Abstandhalten, Tragen von Masken und das Desinfizieren der Hände einzuhalten, habe ich festgestellt, dass die Menschen nach regelmäßig gegen diese Order verstoßen.

Ich persönlich bin der Meinung, dass abgesehen von den wirtschaftlichen Auswirkungen von Covid-19, nach dem langen Lockdown die allgemeine Widerstandsfähigkeit der Massen bemerkenswert hoch ist.